Leon Prado

Controle Onírico
Manual do Viajante dos Sonhos

Título Original: Oniric Control – The Dream Traveler's Manual
Copyright © 2024, publicado por Luiz Antonio dos Santos ME.

Este livro é uma obra de não-ficção que explora práticas e conceitos sobre os sonhos lúcidos e o controle onírico. Através de uma abordagem detalhada, o autor apresenta técnicas e reflexões para desenvolver a lucidez nos sonhos e utilizar essa habilidade para autoconhecimento, criatividade e bem-estar.

2ª Edição
Equipe de Produção
Autor: Leon Prado
Editor: Luiz Santos
Capa: Studios Booklas / Ricardo Monteiro
Consultor: Mariana Esteves
Pesquisadores: Felipe Rocha, Camila Martins, Daniel Nogueira
Diagramação: Júlia Freitas
Tradução: Roberto Almeida

Publicação e Identificação
Controle Onírico – Manual do Viajante dos Sonhos
Booklas, 2024
Categorias: Psicologia/ Espiritualidade
DDC: 154.6 | **CDU:** 159.964
Todos os direitos reservados a:
Luiz Antonio dos Santos ME / Booklas
Nenhuma parte deste livro pode ser reproduzida, armazenada num sistema de recuperação ou transmitida por qualquer meio — eletrônico, mecânico, fotocópia, gravação ou outro — sem a autorização prévia e expressa do detentor dos direitos autorais.

Sumário

Índice Sistemático 5
Prólogo 11
Capítulo 1 O Mundo dos Sonhos 15
Capítulo 2 A Natureza da Consciência Onírica 22
Capítulo 3 Benefícios de Controlar os Sonhos 27
Capítulo 4 Mitos e Realidades sobre Sonhos Lúcidos 33
Capítulo 5 O Sono e os Ciclos dos Sonhos 38
Capítulo 6 Como o Cérebro Cria Sonhos 43
Capítulo 7 A Ciência do Sonho Lúcido 48
Capítulo 8 Sonhos na História e Mitologia 54
Capítulo 9 Incubação de Sonhos nas Culturas Antigas 59
Capítulo 10 Sonhos nas Tradições Espirituais Orientais ... 64
Capítulo 11 Perspectivas Xamânicas e Indígenas dos Sonhos .. 69
Capítulo 12 O Sonho Lúcido na Era Moderna 76
Capítulo 13 Preparando-se para a Jornada Onírica 83
Capítulo 14 Mantendo um Diário de Sonhos 89
Capítulo 15 Melhorando a Lembrança dos Sonhos 94
Capítulo 16 Sinais dos Sonhos e Padrões Pessoais 99
Capítulo 17 Testes de Realidade 104
Capítulo 18 Incubação e Intenção de Sonhos 109
Capítulo 19 Indução Mnemônica do Sonho Lúcido 114
Capítulo 20 Técnica WBTB 119
Capítulo 21 Indução com Despertar Consciente 124
Capítulo 22 Outras Técnicas e Ferramentas de Indução ... 129

Capítulo 23 A Primeira Experiência de Sonho Lúcido............ 135
Capítulo 24 Mantendo-se Lúcido... 140
Capítulo 25 Navegação e Controle do Ambiente Onírico 145
Capítulo 26 Transformando Medos 151
Capítulo 27 Cura e Crescimento Pessoal................................... 156
Capítulo 28 Criatividade e Solução de Problemas................... 161
Capítulo 29 Exploração Espiritual nos Sonhos........................ 166
Capítulo 30 A Yoga do Sonho Tibetana em Prática................ 171
Capítulo 31 Experiências Fora do Corpo.................................. 176
Capítulo 32 Integrando Sonho e Realidade............................... 182
Capítulo 33   Maestria dos Sonhos e Próximos Passos............ 187
Epílogo 192

Índice Sistemático

Capítulo 1: O Mundo dos Sonhos - Apresenta a relação da humanidade com os sonhos ao longo da história, abordando diferentes interpretações culturais e o conceito de sonho lúcido como uma habilidade treinável.

Capítulo 2: A Natureza da Consciência Onírica - Explora a diferença entre a consciência desperta e a onírica, discutindo o funcionamento do cérebro durante o sono e a possibilidade de treinar a lucidez.

Capítulo 3: Benefícios de Controlar os Sonhos - Detalha os benefícios do sonho lúcido, incluindo a superação de pesadelos, o desenvolvimento da criatividade, o aprimoramento de habilidades e a promoção do bem-estar emocional.

Capítulo 4: Mitos e Realidades sobre Sonhos Lúcidos - Desmistifica crenças populares sobre sonhos lúcidos, separando fatos de ficção e abordando questões de segurança e controle.

Capítulo 5: O Sono e os Ciclos dos Sonhos - Explica os ciclos do sono, incluindo as fases REM e não REM, e como compreender esses ciclos pode influenciar a prática dos sonhos lúcidos.

Capítulo 6: Como o Cérebro Cria Sonhos - Descreve os processos cerebrais envolvidos na criação dos sonhos, incluindo a atividade de diferentes áreas do cérebro e a relação entre emoção, memória e lógica nos sonhos.

Capítulo 7: A Ciência do Sonho Lúcido - Apresenta as evidências científicas sobre sonhos lúcidos, desde os primeiros experimentos até as pesquisas modernas que investigam os mecanismos cerebrais e os benefícios dessa prática.

Capítulo 8: Sonhos na História e Mitologia - Explora o papel dos sonhos em diferentes culturas ao longo da história, desde as civilizações antigas até as tradições espirituais orientais e indígenas.

Capítulo 9: Incubação de Sonhos nas Culturas Antigas - Descreve a prática da incubação de sonhos em civilizações antigas, como na Grécia, Egito e Mesopotâmia, onde os sonhos eram utilizados para buscar orientação divina e cura.

Capítulo 10: Sonhos nas Tradições Espirituais Orientais - Aborda a visão dos sonhos em tradições espirituais orientais, como o budismo tibetano, o hinduísmo e o taoismo, onde os sonhos são utilizados como ferramenta para o despertar espiritual e a compreensão da natureza da mente.

Capítulo 11: Perspectivas Xamânicas e Indígenas dos Sonhos - Examina o significado dos sonhos em culturas xamânicas e indígenas, onde são vistos como portais para o mundo espiritual e ferramentas de comunicação com ancestrais e forças da natureza.

Capítulo 12: O Sonho Lúcido na Era Moderna - Aborda a evolução da compreensão dos sonhos lúcidos na era moderna, desde os primeiros relatos até os estudos científicos e aplicações práticas na atualidade.

Capítulo 13: Preparando-se para a Jornada Onírica - Fornece orientações sobre como se preparar para a prática dos sonhos lúcidos, incluindo a criação de um ambiente adequado, o desenvolvimento de hábitos saudáveis e a construção de uma mentalidade propícia.

Capítulo 14: Mantendo um Diário de Sonhos - Explica a importância de manter um diário de sonhos para aprimorar a memória onírica, identificar padrões e aumentar as chances de alcançar a lucidez.

Capítulo 15: Melhorando a Lembrança dos Sonhos - Oferece dicas e técnicas para aprimorar a capacidade de lembrar dos sonhos, incluindo a definição de intenções, o despertar consciente e a criação de hábitos saudáveis de sono.

Capítulo 16: Sinais dos Sonhos e Padrões Pessoais - Explora a importância de identificar sinais e padrões recorrentes nos sonhos como forma de reconhecer o estado onírico e facilitar a indução da lucidez.

Capítulo 17: Testes de Realidade - Descreve a técnica dos testes de realidade, que consiste em questionar o próprio estado de consciência ao longo do dia para aumentar a probabilidade de reconhecer um sonho.

Capítulo 18: Incubação e Intenção de Sonhos - Explora a prática de incubar sonhos, utilizando a intenção e o foco consciente para direcionar o conteúdo onírico e alcançar objetivos específicos durante o sono.

Capítulo 19: Indução Mnemônica do Sonho Lúcido - Descreve a técnica de Indução Mnemônica do Sonho Lúcido (MILD), que utiliza a memória prospectiva para programar a mente a reconhecer o estado onírico.

Capítulo 20: Técnica WBTB - Apresenta a técnica Wake Back to Bed (WBTB), que explora os ciclos do sono para aumentar a probabilidade de induzir sonhos lúcidos através de despertares estratégicos.

Capítulo 21: Indução com Despertar Consciente - Descreve a técnica de indução de sonhos lúcidos através do despertar consciente, que busca manter a clareza mental durante a transição do estado desperto para o sono.

Capítulo 22: Outras Técnicas e Ferramentas de Indução - Apresenta técnicas e ferramentas adicionais para induzir sonhos lúcidos, incluindo gatilhos sensoriais, práticas meditativas, testes de realidade, suplementos e tecnologia.

Capítulo 23: A Primeira Experiência de Sonho Lúcido - Descreve a experiência da primeira vez em um sonho lúcido. Aborda as reações comuns e técnicas para estabilizar e prolongar o estado de lucidez.

Capítulo 24: Mantendo-se Lúcido - Apresenta estratégias para manter a lucidez dentro de um sonho, incluindo interação ativa com o ambiente, controle do foco visual, comandos verbais e técnicas de estabilização.

Capítulo 25: Navegação e Controle do Ambiente Onírico - Descreve como navegar e controlar o ambiente em um sonho lúcido, abordando a locomoção, a transformação de cenários e a interação com objetos.

Capítulo 26: Transformando Medos - Explora o uso dos sonhos lúcidos para enfrentar e transformar medos e pesadelos, alterando a relação emocional com o conteúdo onírico.

Capítulo 27: Cura e Crescimento Pessoal - Discute o potencial dos sonhos lúcidos para promover a cura emocional, o autoconhecimento, a resiliência e o crescimento pessoal.

Capítulo 28: Criatividade e Solução de Problemas - Explora o uso dos sonhos lúcidos para estimular a criatividade, encontrar soluções inovadoras e aprimorar habilidades.

Capítulo 29: Exploração Espiritual nos Sonhos - Apresenta os sonhos lúcidos como ferramenta para acessar estados ampliados de percepção e explorar questões existenciais, permitindo o encontro com figuras de sabedoria e a experiência de intensa conexão espiritual.

Capítulo 30: A Yoga do Sonho Tibetana em Prática - Descreve a Yoga do Sonho como prática para alcançar a verdadeira natureza da mente, reconhecendo a impermanência da realidade e promovendo um estado contínuo de atenção e sabedoria.

Capítulo 31: Experiências Fora do Corpo - Aborda as experiências fora do corpo como dissociações temporárias da consciência, explorando a diferença entre projeção astral e sonhos lúcidos, e discutindo as interpretações científicas e espirituais do fenômeno.

Capítulo 32: Integrando Sonho e Realidade - Examina a integração da lucidez onírica à consciência desperta, transformando a percepção cotidiana e promovendo uma vida com mais presença, reconhecimento de padrões e transformação na interação com o mundo.

Capítulo 33: Maestria dos Sonhos e Próximos Passos - Aborda a maestria dos sonhos como jornada contínua de autodescoberta, incentivando a prática constante, o aprimoramento da consciência e a exploração do potencial dos sonhos lúcidos para o crescimento pessoal e espiritual.

Prólogo

Não se pode explicar em palavras a sensação de controle dos sonhos. Apenas quem já experimentou sabe. Apenas quem já ousou abrir os olhos dentro da própria mente entende a magnitude desse poder. Estamos todos acorrentados a uma única realidade – ou assim nos fizeram acreditar. Mas e se houvesse um outro caminho? Um portal oculto entre o adormecer e o despertar, uma porta secreta que conduz a um universo onde tudo é possível?

A mente humana, esse enigma insondável, opera sob regras que poucos compreendem. Durante o estado desperto, somos prisioneiros da lógica, reféns da gravidade, submetidos às leis imutáveis da matéria. Mas quando os olhos se fecham e mergulhamos nos sonhos, as correntes se rompem. Lá, o tempo é maleável. O espaço se dobra. A identidade se dissolve. Porém, a maioria das pessoas passa por essa travessia como um náufrago à deriva, inconsciente de sua própria capacidade de assumir o leme e direcionar sua embarcação.

A questão central não é *se* é possível despertar dentro do sonho, mas *por que* ainda não nos ensinaram isso. As tradições antigas conheciam esse segredo. Xamãs, monges tibetanos, sacerdotes egípcios e místicos de todas as eras compreenderam que os sonhos são mais do que projeções aleatórias da mente – são mapas para outras dimensões da consciência. Há milênios, técnicas foram desenvolvidas para atravessar o véu do inconsciente e conquistar a lucidez dentro dos próprios sonhos. Esse conhecimento foi passado como um segredo guardado a sete chaves, mas chegou até nós. E está diante de você agora.

A maioria dos sonhadores é controlada por seus próprios sonhos. Mergulham em cenários bizarros, revivem memórias distorcidas, enfrentam pesadelos e acordam suados, sem perceber que poderiam ter transformado cada um desses momentos. O pesadelo avassalador que faz o coração disparar pode ser transmutado em êxtase. O monstro que persegue pode se ajoelhar como um mestre em reverência. O abismo que se abre sob os pés pode se converter na experiência suprema de liberdade – voar. A chave para essa transmutação está no domínio da mente onírica.

Você já sentiu aquela súbita clareza dentro de um sonho? Um lampejo de consciência em que percebeu, mesmo que por um breve instante, que nada ali era real? Aquele momento fugaz, no qual você quase conseguiu direcionar os eventos, mas logo se perdeu na névoa do inconsciente? Essa sensação não precisa ser um acidente. Ela pode ser cultivada, treinada, aperfeiçoada até se tornar um estado natural.

E quando isso acontece, o que antes era apenas um cenário confuso se torna um território vasto a ser explorado. Cada porta pode levar a um novo universo. Cada pensamento pode moldar a paisagem. Você pode voar sobre montanhas infinitas, criar cidades inteiras com a força da imaginação, conversar com sábios ancestrais ou atravessar os limites do possível. Dentro do sonho lúcido, não há barreiras. Só há a vontade – e o que ela pode manifestar.

Mas o verdadeiro poder do controle onírico vai além da euforia de voar ou criar mundos. Ele toca algo mais profundo. A mente subconsciente, esse grande arquiteto da realidade, opera silenciosamente, influenciando cada pensamento, cada escolha, cada emoção. Os sonhos são sua linguagem. Ao compreendê-la, você não apenas desbloqueia o universo onírico – você reescreve a própria realidade desperta. Como uma pedra lançada em um lago, as mudanças feitas no mundo dos sonhos reverberam, moldando sua mente, suas percepções e, por fim, sua própria vida.

A ciência moderna começa a confirmar o que os antigos já sabiam: ao aprender a se tornar lúcido nos sonhos, você expande sua autoconsciência, fortalece a criatividade, melhora sua capacidade de solucionar problemas e acessa camadas mais profundas da psique. O que você aprender dentro do sonho não fica apenas no sonho. Ele se traduz em clareza mental, equilíbrio emocional e uma nova perspectiva sobre o mundo desperto.

Você está pronto para cruzar esse limiar?

Esta obra não é apenas um manual. É um convite para a jornada mais extraordinária que um ser humano pode empreender: a exploração consciente da própria mente. O caminho foi traçado. As chaves estão aqui. O conhecimento ancestral, agora respaldado pela ciência, aguarda aquele que deseja despertar.

A pergunta agora não é se os sonhos podem ser controlados, a pergunta é: você está pronto para assumir esse controle?

    Luiz Santos
    Editor

Capítulo 1
O Mundo dos Sonhos

A relação da humanidade com os sonhos atravessa os séculos, misturando mistério, fascínio e uma busca incessante por compreensão. Em todas as épocas e culturas, os sonhos foram interpretados de diversas maneiras: como mensagens divinas, manifestações do inconsciente ou até mesmo portais para outras realidades. Hoje, a ciência avançou significativamente na tentativa de decifrar esse fenômeno, mas, mesmo com toda a tecnologia e conhecimento acumulado, os sonhos continuam a guardar segredos insondáveis. Mais do que meras projeções aleatórias da mente adormecida, eles representam um estado de consciência que desafia a lógica da vigília, criando cenários, emoções e experiências que muitas vezes parecem tão reais quanto a própria realidade desperta.

Entre esses mistérios, um dos mais intrigantes é a possibilidade de se tornar consciente dentro do próprio sonho. Essa experiência, chamada de sonho lúcido, não se limita a um fenômeno esporádico ou aleatório, mas sim a uma habilidade que pode ser cultivada e aprimorada. Quando um sonhador percebe que está dentro de um sonho, ele adquire um nível de controle que lhe permite explorar esse universo interno com liberdade e intenção. Isso significa não apenas reconhecer o sonho como um estado alternativo da mente, mas também interagir ativamente com ele, transformando cenários, experimentando sensações impossíveis no mundo desperto e até mesmo buscando respostas para questões pessoais profundas. O que antes era considerado um fenômeno raro ou restrito a poucos indivíduos agora é amplamente estudado e acessível a qualquer pessoa disposta a treinar sua mente para alcançar essa forma de consciência.

    A exploração dos sonhos lúcidos abre portas para um vasto campo de possibilidades, desde o autoconhecimento até a criatividade e o crescimento espiritual. Algumas culturas antigas já reconheciam essa prática como uma ferramenta poderosa, enquanto a ciência moderna começa a desvendar os mecanismos cerebrais que tornam essa experiência possível. Compreender os sonhos não é apenas um exercício intelectual, mas uma jornada rumo ao domínio da própria mente. A capacidade de despertar dentro do sonho, de perceber que tudo ali é fruto da própria imaginação e, ainda assim, ser capaz de vivenciá-lo plenamente, desafia as barreiras entre o real e o ilusório. O estudo e a prática dos sonhos lúcidos não apenas proporcionam experiências fascinantes, mas também ajudam a expandir os limites da consciência humana, permitindo que o sonhador se torne o arquiteto do próprio universo onírico.

    Imagine, por um momento, estar dentro de um sonho e saber que está sonhando. Saber que nada ao seu redor é real no sentido físico, mas que você pode interagir, transformar cenários e até voar se desejar. Essa experiência, conhecida como sonho lúcido, não é apenas possível – é uma habilidade treinável.

Neste livro, vamos explorar profundamente como desenvolver essa capacidade, mas antes, é essencial entender por que sonhamos e como diferentes culturas enxergaram os sonhos ao longo da história. O objetivo deste capítulo é abrir as portas para essa jornada, mostrando que dominar os próprios sonhos pode ser mais do que um mero passatempo: pode ser uma ferramenta poderosa para autoconhecimento, criatividade e até crescimento espiritual.

O Que São os Sonhos?

Sonhar é uma experiência universal. Todas as noites, nossa mente cria histórias vívidas, muitas vezes absurdas, e nos transporta para realidades onde as leis da física e da lógica se tornam maleáveis. Mas, o que exatamente é um sonho?

Na perspectiva neurocientífica, os sonhos são produtos da atividade cerebral durante o sono, especialmente na fase REM (Movimento Rápido dos Olhos). Nesse estado, áreas do cérebro associadas à emoção e à memória ficam altamente ativas, enquanto a parte responsável pelo pensamento lógico – o córtex pré-frontal – reduz sua atividade. Isso explica por que aceitamos situações ilógicas como normais dentro dos sonhos.

Por outro lado, em diversas culturas, os sonhos foram vistos como mensagens divinas, viagens espirituais ou portais para outros planos da existência.

Para os egípcios antigos, eram recados dos deuses. Para os gregos, um meio de prever o futuro. Para os xamãs, uma ponte entre o mundo físico e o espiritual.

Independentemente da abordagem, o fato é que os sonhos têm um impacto significativo na psique humana. Eles refletem medos, desejos e aspectos inconscientes da mente. E quando conseguimos perceber que estamos sonhando – adquirindo lucidez onírica – passamos a interagir conscientemente com esse universo, em vez de apenas ser levados por ele.

A ideia de controlar os próprios sonhos pode parecer fantástica demais para alguns, mas estudos indicam que aproximadamente 50% das pessoas já tiveram pelo menos um sonho lúcido espontâneo. Isso significa que essa experiência não é algo raro ou inatingível, mas sim uma extensão natural da consciência humana.

Se o cérebro já tem essa capacidade de perceber que está sonhando de forma ocasional, o que impede alguém de aprender a fazer isso deliberadamente? A resposta está no treinamento. Assim como aprender um novo idioma ou tocar um instrumento, a lucidez onírica pode ser desenvolvida com prática e técnicas adequadas.

Antes de entrar nessas técnicas – que serão abordadas nos próximos capítulos –, é fundamental preparar a mente. A primeira mudança de perspectiva é perceber que os sonhos não são apenas ilusões passageiras, mas sim um estado legítimo da consciência. Assim como vivemos nossas horas de vigília com atenção e intenção, podemos também "acordar" dentro dos sonhos e tomar as rédeas da experiência.

Essa mudança de mentalidade é essencial, pois muitas pessoas tratam os sonhos como algo irrelevante, esquecendo-se deles ao acordar. Mas aqueles que desenvolvem a habilidade de lembrar, analisar e interagir com seus sonhos descobrem um novo mundo de possibilidades.

A busca pela compreensão dos sonhos não é recente. Desde tempos imemoriais, diferentes civilizações reconheceram sua importância. Os sumérios, a primeira grande civilização da história, já registravam sonhos em tabuletas de argila há mais de 4.000 anos. Os antigos egípcios possuíam sacerdotes especializados na interpretação dos sonhos, acreditando que eles traziam mensagens dos deuses.

Na Grécia Antiga, templos de cura conhecidos como incubatórios de sonhos eram locais onde as pessoas dormiam na esperança de receber revelações divinas. Aristóteles foi um dos primeiros a sugerir que os sonhos poderiam ser gerados pela mente, e não apenas enviados por entidades superiores.

Na tradição budista tibetana, a prática da Yoga dos Sonhos ensina que reconhecer a ilusão dos sonhos pode ajudar a perceber a ilusão da realidade, promovendo um estado de consciência mais elevado.

Ao longo dos séculos, essa dualidade entre a visão mística e científica dos sonhos persistiu. Mas com o avanço da neurociência, muitas das antigas crenças começaram a encontrar respaldo na ciência. Hoje, sabemos que os sonhos têm funções essenciais para a mente, como consolidar memórias, processar emoções e até simular cenários futuros.

A capacidade de ficar consciente dentro de um sonho não é apenas uma curiosidade científica ou um truque mental – ela pode trazer benefícios reais.

Pesadelos podem ser experiências angustiantes, mas em um sonho lúcido, o sonhador pode enfrentá-los sem medo, pois sabe que nada ali pode machucá-lo. Isso pode ajudar na superação de traumas e ansiedade.

Muitos artistas, escritores e inventores relatam ter tido ideias inovadoras em sonhos. Salvador Dalí, por exemplo, usava técnicas para capturar imagens oníricas e incorporá-las em sua arte. Nos sonhos lúcidos, essa exploração criativa se torna ainda mais poderosa.

Os sonhos refletem conteúdos profundos da mente. Ao interagir conscientemente com eles, podemos explorar aspectos do nosso eu interior, compreender emoções reprimidas e obter insights sobre nossa vida.

Dentro de um sonho lúcido, as leis da física não se aplicam. Podemos voar, atravessar paredes, visitar lugares exóticos e criar mundos inteiros à nossa vontade. É uma experiência de liberdade absoluta.

Contrariando o que alguns possam pensar, treinar sonhos lúcidos não prejudica o descanso – pode até melhorá-lo. Estudos mostram que sonhadores lúcidos desenvolvem uma relação mais positiva com o sono, reduzindo a incidência de pesadelos e promovendo um descanso mais restaurador.

Este livro não apenas ensinará como induzir sonhos lúcidos, mas também mostrará como usá-los da melhor forma possível. Vamos explorar desde os fundamentos do sono e da consciência até técnicas práticas para alcançar a lucidez, estabilizá-la e aproveitar ao máximo cada experiência onírica.

Nos próximos capítulos, mergulharemos mais fundo na natureza da consciência onírica, compreenderemos a diferença entre sonho comum e sonho lúcido e veremos como a ciência comprova esse fenômeno.

A jornada que se inicia aqui não é apenas sobre controlar sonhos – é sobre expandir a consciência e descobrir que há muito mais no universo da mente do que imaginamos.

Se você já sonhou que estava voando, explorando terras desconhecidas ou conversando com figuras misteriosas, talvez tenha sentido um vislumbre do potencial ilimitado que os sonhos oferecem. Agora, imagine poder fazer isso conscientemente, sempre que desejar.

Capítulo 2
A Natureza da Consciência Onírica

Para compreender o que significa estar consciente dentro de um sonho, primeiro precisamos entender o que é a própria consciência. Durante a vigília, estamos acostumados a perceber o mundo de maneira contínua, analisando informações, tomando decisões e refletindo sobre nossa própria existência. No entanto, quando dormimos, essa clareza desaparece, e a mente se entrega a narrativas oníricas que aceitamos sem questionar, por mais absurdas que sejam.

A consciência onírica é diferente da consciência desperta. Em um sonho comum, seguimos o fluxo dos acontecimentos sem perceber que estamos sonhando. O cenário pode mudar subitamente, personagens podem surgir do nada, o tempo pode se distorcer – e mesmo assim, nossa mente aceita tudo como normal. Isso acontece porque, no estado de sono, o cérebro opera de maneira distinta. O córtex pré-frontal, responsável pelo pensamento crítico e pelo raciocínio lógico, reduz sua atividade, enquanto áreas associadas à emoção e à memória se tornam mais ativas. Isso faz com que o sonho pareça real e imersivo, mas também explica por que raramente questionamos sua veracidade enquanto estamos dentro dele.

Quando falamos de sonhos lúcidos, falamos de um fenômeno que ocorre quando a parte crítica do cérebro volta a funcionar dentro do próprio sonho. De repente, o sonhador percebe a ilusão e recupera a capacidade de questionar o que vê ao seu redor. Esse despertar interno não significa necessariamente controle total da experiência onírica, mas é o primeiro passo. É possível estar lúcido dentro de um sonho e ainda assim não conseguir moldá-lo com facilidade. Em muitos casos, a pessoa percebe que está sonhando, mas continua sendo levada pelo enredo do sonho, sem intervir ativamente.

A experiência da lucidez varia de pessoa para pessoa. Algumas relatam um súbito momento de clareza, como se um véu fosse levantado, enquanto outras entram em um estado de lucidez gradual, onde a realidade do sonho se torna cada vez mais evidente. Independentemente do caminho, o importante é reconhecer que o simples fato de estar consciente dentro do sonho já muda completamente a experiência. O sonhador deixa de ser um espectador passivo e passa a ser um participante ativo.

Pesquisas mostram que cerca de metade da população já teve pelo menos um sonho lúcido espontâneo na vida. Isso sugere que a consciência onírica não é uma habilidade rara, mas sim uma extensão natural da mente humana. No entanto, a frequência desses sonhos varia muito de pessoa para pessoa. Algumas pessoas os têm regularmente, enquanto outras só os experimentam ocasionalmente. A boa notícia é que, com prática e técnicas adequadas, qualquer um pode aprender a induzir sonhos lúcidos com mais frequência.

A distinção entre um sonho comum e um sonho lúcido pode parecer clara na teoria, mas na prática, a linha entre os dois estados nem sempre é tão definida. Há momentos em que um sonhador pode ter uma vaga noção de que está sonhando, mas sem a clareza total para agir com intenção. Outras vezes, a lucidez pode durar apenas alguns segundos antes que a pessoa volte a se perder na narrativa do sonho.

O cérebro humano é altamente plástico, e o treinamento da lucidez onírica segue princípios semelhantes ao desenvolvimento de qualquer outra habilidade mental. Assim como podemos treinar a memória ou a atenção plena, podemos treinar a mente para reconhecer padrões nos sonhos e despertar dentro deles. Para isso, é fundamental começar a prestar mais atenção à própria atividade onírica. Manter um diário de sonhos, por exemplo, é uma das primeiras etapas do processo. Ao registrar os sonhos regularmente, o cérebro começa a perceber que esse conteúdo é relevante, aumentando naturalmente a capacidade de lembrar e analisar os eventos noturnos.

Além disso, compreender a diferença entre a consciência desperta e a consciência onírica nos ajuda a enxergar que o estado de vigília também pode ser questionado. No dia a dia, muitas vezes seguimos no piloto automático, sem nos dar conta dos detalhes ao nosso redor. Ao treinarmos a percepção da realidade durante a vigília, essa atenção se transfere para o mundo dos sonhos, facilitando a lucidez onírica.

Um dos conceitos fundamentais nesse processo é a relação entre a mente consciente e o subconsciente. No estado desperto, a mente consciente domina a tomada de decisões, mas no sonho, o subconsciente assume o controle, criando cenários, personagens e eventos sem que tenhamos influência direta sobre eles. Quando adquirimos lucidez dentro de um sonho, estamos essencialmente unindo esses dois estados, trazendo a clareza do consciente para o território do inconsciente. Essa integração pode ter efeitos profundos, permitindo ao sonhador explorar a própria psique de maneira única.

Outro aspecto interessante da consciência onírica é que, ao contrário do que muitos imaginam, não se trata apenas de um fenômeno esotérico ou subjetivo. Desde a década de 1980, pesquisas científicas vêm demonstrando que o sonho lúcido é um estado verificável. Estudos conduzidos por pesquisadores como Stephen LaBerge comprovaram que sonhadores lúcidos podem se comunicar com o mundo exterior enquanto dormem, movendo os olhos de forma pré-determinada dentro do sonho. Esses experimentos mostraram que a lucidez onírica não é apenas uma impressão subjetiva, mas um estado mensurável do cérebro.

Entender como a consciência se comporta nos sonhos também nos ajuda a superar mitos sobre o tema. Algumas pessoas acreditam que é possível ficar "preso" em um sonho lúcido ou que a experiência pode ser perigosa de alguma forma, mas essas preocupações não têm fundamento real. O cérebro sempre retorna ao estado de vigília naturalmente, e a lucidez dentro do sonho não altera o funcionamento normal do sono.

A consciência onírica também apresenta graus de profundidade. Algumas vezes, a lucidez é leve e fragmentada, com o sonhador oscilando entre a clareza e a confusão. Outras vezes, a lucidez é intensa, com o indivíduo percebendo cada detalhe do sonho com extrema nitidez. Essa variação depende de diversos fatores, como nível de experiência, estado emocional e qualidade do sono.

Treinar essa habilidade requer paciência, mas os benefícios são imensos. A partir do momento em que a mente começa a reconhecer o estado onírico como um espaço maleável e consciente, as possibilidades se expandem. O sonho deixa de ser um fenômeno passivo e se torna um ambiente de exploração, aprendizado e descoberta.

Nos próximos passos desta jornada, veremos como a prática da lucidez pode trazer benefícios concretos, desde a superação de medos até o aprimoramento da criatividade. Quanto mais compreendemos a natureza da consciência onírica, mais nos aproximamos da possibilidade de moldar os sonhos de acordo com nossa vontade. E ao dominar os sonhos, começamos a perceber que, em muitos aspectos, também podemos moldar nossa realidade desperta.

Capítulo 3
Benefícios de Controlar os Sonhos

O domínio dos sonhos não apenas fascina, mas também transforma profundamente a relação do indivíduo com sua mente e suas emoções. A capacidade de despertar dentro do próprio sonho, reconhecer a ilusão onírica e interagir conscientemente com ela oferece benefícios que vão muito além da mera curiosidade. Ao controlar os próprios sonhos, uma pessoa adquire um novo nível de influência sobre suas experiências internas, desenvolvendo habilidades que podem impactar positivamente sua vida desperta. Desde a superação de traumas e medos até o aprimoramento da criatividade e do bem-estar emocional, os sonhos lúcidos se revelam uma ferramenta poderosa para o autoconhecimento e a expansão da consciência.

Um dos maiores benefícios do sonho lúcido é sua eficácia na superação de pesadelos recorrentes. Para muitas pessoas, sonhos angustiantes são fontes de estresse e ansiedade, afetando a qualidade do sono e, consequentemente, a vida cotidiana. No entanto, ao se tornar lúcido dentro de um pesadelo, o sonhador pode transformar o cenário ameaçador, enfrentar diretamente o medo ou até mesmo acordar quando desejar. Esse processo cria um senso de autonomia e resiliência que se estende para além do mundo dos sonhos, ajudando o indivíduo a lidar com desafios e ansiedades da vida real com maior confiança e controle emocional. Além disso, a possibilidade de interagir conscientemente com o subconsciente em um ambiente onírico oferece um meio único para processar emoções reprimidas, promovendo a cura psicológica de maneira natural e intuitiva.

Outro aspecto fascinante do sonho lúcido é sua influência no desenvolvimento da criatividade e no aprimoramento de habilidades. O cérebro, quando sonha, opera sem as limitações impostas pela lógica e pela racionalidade do estado desperto, permitindo a formulação de ideias originais e soluções inovadoras para problemas complexos. Artistas, cientistas e inventores frequentemente relatam momentos de inspiração surgidos durante o sono, e a lucidez onírica potencializa essa capacidade ao permitir que o sonhador explore deliberadamente cenários, conceitos e possibilidades ilimitadas. Além disso, pesquisas indicam que o cérebro ativa padrões neurais semelhantes aos da prática real quando ensaia atividades motoras dentro dos sonhos, tornando possível treinar habilidades como tocar um instrumento, praticar esportes ou preparar apresentações de forma eficaz. Ao aprender a navegar conscientemente pelo universo onírico, o sonhador não apenas desfruta de experiências extraordinárias, mas também fortalece a mente, melhora a qualidade do sono e adquire uma nova perspectiva sobre a própria realidade.

Um dos impactos mais imediatos do sonho lúcido é a capacidade de lidar com pesadelos. Para muitas pessoas, pesadelos recorrentes são uma fonte de angústia, privação de sono e ansiedade. Quando alguém aprende a reconhecer que está sonhando no meio de um pesadelo, a situação muda drasticamente. Em vez de ser uma vítima passiva dos acontecimentos oníricos, o sonhador passa a ter autonomia para enfrentar a ameaça, modificar o cenário ou simplesmente acordar. A sensação de poder assumir o controle dentro do sonho pode ser extremamente libertadora, reduzindo gradualmente a frequência dos pesadelos e promovendo um sono mais tranquilo.

Além de auxiliar no controle de pesadelos, os sonhos lúcidos também têm um impacto direto na saúde mental. O simples ato de perceber e interagir conscientemente com o próprio mundo onírico desenvolve um nível maior de autoconhecimento. A mente subconsciente expressa emoções reprimidas e conflitos internos através dos sonhos, e quando estamos lúcidos, temos a oportunidade de explorar esses conteúdos com consciência. Muitas pessoas relatam que seus sonhos lúcidos se tornaram uma espécie de terapia interna, permitindo que confrontassem medos, processassem emoções e encontrassem respostas para dilemas pessoais.

A criatividade também é amplificada dentro do sonho lúcido. No estado onírico, as regras da lógica convencional são suspensas, e o cérebro é capaz de criar cenários, personagens e situações completamente novas, sem as limitações do pensamento linear. Artistas, escritores, músicos e inventores podem usar o sonho lúcido como um espaço experimental onde ideias fluem livremente. Muitos criadores afirmam que soluções inovadoras para problemas complexos surgiram de momentos de clareza dentro de um sonho. Salvador Dalí, por exemplo, utilizava estados de sonho para visualizar imagens surreais, enquanto Nikola Tesla relatava realizar experimentos mentais enquanto dormia. O sonho lúcido permite que essa exploração criativa se torne deliberada, fornecendo um laboratório interno para testar ideias, visualizar conceitos e desenvolver projetos sem as restrições do mundo físico.

Outro benefício fascinante da consciência onírica é o aprimoramento de habilidades motoras. Pesquisas indicam que o cérebro, ao simular atividades em um sonho, ativa padrões neurais semelhantes aos da prática real. Isso significa que sonhadores lúcidos podem utilizar esse estado para ensaiar movimentos físicos, como tocar um instrumento, praticar esportes ou até mesmo ensaiar uma apresentação. Atletas de alto desempenho já exploram técnicas de visualização mental para melhorar seus desempenhos, e os sonhos lúcidos levam essa prática a um nível ainda mais profundo.

A qualidade do sono também pode melhorar com a prática dos sonhos lúcidos. Algumas pessoas temem que a lucidez onírica atrapalhe o descanso, mas, na realidade, ocorre o oposto. Ter uma relação mais consciente com o sono ajuda a reduzir insônia e ansiedade noturna. Quando um indivíduo aprende a reconhecer padrões do próprio ciclo de sono e a interagir positivamente com os sonhos, tende a dormir com mais tranquilidade e acordar mais revigorado. Além disso, a prática do sonho lúcido pode aumentar a sensação de controle sobre a própria vida, reduzindo estresse e promovendo uma mentalidade mais equilibrada.

A experiência de explorar conscientemente o mundo dos sonhos também pode ser profundamente transformadora no nível filosófico e existencial. Quando alguém percebe que pode modificar a realidade de um sonho com sua intenção e expectativa, começa a questionar até que ponto a própria realidade desperta é tão fixa quanto parece. Esse questionamento pode levar a reflexões sobre a natureza da mente, da percepção e até mesmo da identidade. Muitas tradições espirituais utilizam os sonhos lúcidos como parte de práticas de expansão da consciência, explorando a interseção entre os estados de vigília e de sonho para entender a verdadeira natureza da realidade.

Além dos benefícios individuais, há também o aspecto social e cultural do sonho lúcido. Ao longo da história, diferentes tradições e filosofias exploraram os sonhos como uma forma de obter conhecimento ou conectar-se com algo maior. Hoje, a ciência e a espiritualidade começam a convergir nesse campo, e grupos de estudo sobre sonhos lúcidos vêm crescendo em comunidades ao redor do mundo. Compartilhar experiências, trocar técnicas e discutir descobertas com outras pessoas interessadas no tema pode fortalecer ainda mais o aprendizado e a prática da lucidez onírica.

Ao perceber a amplitude de benefícios que o sonho lúcido pode proporcionar, torna-se evidente que essa habilidade vai muito além de um simples passatempo. Ela é uma porta para uma nova forma de interagir com a própria mente, promovendo crescimento pessoal, criatividade e bem-estar. E, ao longo desta jornada, aprenderemos como treinar essa capacidade de maneira sistemática, passo a passo, até que se torne uma habilidade natural, disponível sempre que o sonhador desejar.

Capítulo 4
Mitos e Realidades sobre Sonhos Lúcidos

A compreensão dos sonhos lúcidos tem sido frequentemente distorcida por crenças populares, histórias sensacionalistas e representações fictícias. Embora a experiência de despertar dentro de um sonho seja profundamente transformadora, não há nada de sobrenatural ou perigoso nela. O que há, na realidade, é um fenômeno natural da mente humana, acessível a qualquer pessoa disposta a treiná-lo. Diferenciar os mitos das verdades sobre os sonhos lúcidos é essencial para dissipar temores infundados e estabelecer uma base sólida para seu estudo e prática.

Um dos equívocos mais comuns é a ideia de que um sonho pode causar danos físicos reais, como a morte ou um trauma irreversível. Essa crença, muitas vezes reforçada por relatos fictícios, não encontra respaldo na ciência. O cérebro possui mecanismos naturais de proteção que garantem o despertar quando uma experiência onírica se torna intensa demais. Da mesma forma, o medo de ficar "preso" em um sonho lúcido não se sustenta, pois o ciclo do sono segue seu curso normal, levando naturalmente ao despertar. Mesmo em casos de falsas vigílias, em que o sonhador acredita ter acordado dentro de um novo sonho, a consciência eventualmente retorna ao estado desperto sem qualquer prejuízo.

Outro mito recorrente é a suposição de que os sonhos lúcidos proporcionam controle absoluto sobre o cenário e os eventos oníricos. Embora seja possível exercer influência sobre o sonho, a mente subconsciente continua a desempenhar um papel ativo na construção da experiência. O nível de controle varia de pessoa para pessoa e pode ser aprimorado com a prática. Além disso, a crença de que os sonhos lúcidos são uma habilidade exclusiva de poucos escolhidos também se mostra equivocada. Qualquer indivíduo pode desenvolver essa capacidade por meio de técnicas específicas, tornando-se cada vez mais hábil em reconhecer e interagir conscientemente com seus sonhos. Separar a fantasia da realidade permite uma abordagem mais objetiva e produtiva do fenômeno, transformando os sonhos lúcidos em uma ferramenta prática para autoconhecimento, criatividade e bem-estar mental.

Um dos mitos mais difundidos é a ideia de que morrer em um sonho pode causar a morte real. Essa crença provavelmente surgiu de relatos de pessoas que acordaram assustadas de sonhos intensos, mas não há nenhuma evidência científica de que um sonho, por mais vívido que seja, possa causar danos físicos diretos. O que pode ocorrer é uma reação fisiológica intensa – aceleração dos batimentos cardíacos, sudorese, tensão muscular –, especialmente em pesadelos, mas isso não significa que haja risco real para a saúde. No momento em que o cérebro percebe um estado de estresse extremo, ele desperta naturalmente, garantindo a segurança do sonhador.

Outro medo comum é o receio de ficar preso em um sonho lúcido, incapaz de acordar. Essa ideia foi popularizada por filmes e histórias de ficção, mas não tem base real. O sono segue ciclos naturais e, independentemente da experiência dentro do sonho, o corpo sempre retornará ao estado desperto no momento apropriado. Mesmo em situações em que a lucidez se estende por um longo período, há um limite natural, pois o cérebro não mantém o sono REM indefinidamente. Em casos raros, pode acontecer um fenômeno conhecido como "falsa vigília", no qual a pessoa sonha que acordou, mas ainda está dentro do sonho. Porém, ao perceber a inconsistência do ambiente, o sonhador rapidamente desperta de verdade.

Além dos medos infundados, há também exageros sobre o nível de controle que um sonho lúcido oferece. Algumas pessoas acreditam que, ao se tornarem lúcidas, terão imediatamente controle absoluto sobre tudo que acontece no sonho, podendo alterar cenários e personagens com um simples pensamento. Embora seja possível modificar elementos do sonho, isso nem sempre acontece instantaneamente ou da forma esperada. A mente subconsciente ainda tem um papel ativo na criação do ambiente onírico, e muitos fatores influenciam a facilidade de manipulação. Em alguns casos, o próprio sonhador precisa treinar sua capacidade de influência ao longo do tempo.

Há também quem associe sonhos lúcidos a algo sobrenatural, vendo-os como experiências místicas que envolvem dimensões paralelas ou comunicação com espíritos. Essa interpretação varia de acordo com crenças pessoais, mas do ponto de vista científico, os sonhos lúcidos são processos naturais do cérebro, resultado da ativação de certas áreas da mente durante o sono REM. O fato de serem experiências vívidas e intensas pode dar a impressão de que vão além da mente individual, mas não há comprovação de que envolvam algo além da própria psique do sonhador.

Outro mito frequente é o de que apenas algumas pessoas especiais conseguem ter sonhos lúcidos. A realidade é que qualquer pessoa com um cérebro funcional tem o potencial para desenvolvê-los. Embora algumas pessoas tenham sonhos lúcidos espontâneos com mais frequência do que outras, isso não significa que seja uma habilidade restrita. Assim como aprender um idioma ou tocar um instrumento, a lucidez onírica pode ser cultivada com prática e dedicação. Técnicas específicas aumentam significativamente a probabilidade de se tornar consciente dentro de um sonho, e com o tempo, a experiência se torna mais acessível e natural.

Há ainda aqueles que acreditam que os sonhos lúcidos podem ser prejudiciais à saúde mental. Essa preocupação pode vir da ideia de que brincar com a percepção da realidade dentro dos sonhos pode confundir a mente ao acordar. No entanto, estudos não indicam qualquer associação entre a prática do sonho lúcido e transtornos psicológicos. Pelo contrário, em muitos casos, os sonhos lúcidos são usados como ferramentas terapêuticas para ajudar pessoas a lidarem com traumas, medos e pesadelos recorrentes. A única ressalva feita por especialistas é que, como qualquer atividade mental intensa, é importante manter um equilíbrio e garantir um sono saudável, sem sacrificar a qualidade do descanso para perseguir a lucidez a qualquer custo.

Ao longo das últimas décadas, a ciência tem se dedicado a estudar os sonhos lúcidos com métodos rigorosos. Experimentos conduzidos por pesquisadores como Stephen LaBerge demonstraram que sonhadores lúcidos podem se comunicar com o mundo exterior enquanto dormem, usando movimentos oculares previamente combinados. Esses estudos ajudaram a validar a existência da lucidez onírica e a desmistificar a ideia de que seria algo esotérico ou imaginário. Avanços em neuroimagem também mostraram que, quando uma pessoa se torna consciente dentro de um sonho, há uma ativação das áreas pré-frontais do cérebro, o que diferencia esse estado dos sonhos normais.

Diante desses fatos, torna-se evidente que o sonho lúcido não é um fenômeno perigoso, nem uma habilidade reservada a poucos, tampouco uma experiência sobrenatural. É uma capacidade natural da mente humana, que pode ser treinada e utilizada de maneira produtiva. Ao esclarecer esses mitos, o caminho fica mais aberto para explorar as técnicas e práticas que permitirão ao sonhador acessar esse estado com mais frequência e controle. Com o entendimento correto, o sonho lúcido deixa de ser um mistério rodeado por medos e se torna uma ferramenta fascinante de exploração da consciência.

Capítulo 5
O Sono e os Ciclos dos Sonhos

O sono não é um estado uniforme de descanso, mas sim um processo complexo e dinâmico que influencia diretamente a forma como sonhamos e a possibilidade de desenvolver sonhos lúcidos. Longe de ser apenas um período de inatividade, o sono é estruturado em ciclos que regulam desde a recuperação física até a consolidação da memória e a organização das experiências emocionais. Cada um desses estágios desempenha um papel fundamental na qualidade dos sonhos, e compreender essa estrutura permite utilizar o sono de maneira estratégica para favorecer a lucidez onírica.

O ciclo do sono, que se repete várias vezes ao longo da noite, é composto por diferentes fases, divididas entre sono não REM e sono REM. Durante o sono não REM, o corpo passa por uma sequência progressiva de relaxamento e recuperação, que inclui desde a transição inicial entre vigília e sono até o estágio mais profundo, essencial para a restauração do organismo. Nessa fase, a atividade cerebral diminui consideravelmente, tornando os sonhos menos frequentes e fragmentados. Em contraste, o sono REM – sigla para "movimento rápido dos olhos" – é o momento em que o cérebro se torna altamente ativo, produzindo sonhos vívidos e elaborados. É nesse estágio que a lucidez onírica se torna mais provável, pois a mente opera em padrões semelhantes aos do estado desperto, mas sem a interferência dos estímulos externos que limitam a percepção durante a vigília.

Dominar os ciclos do sono permite otimizar o tempo e as condições para a prática dos sonhos lúcidos. A duração do sono REM aumenta progressivamente ao longo da noite, tornando as últimas horas do descanso ideais para alcançar a consciência dentro do sonho. Técnicas como o despertar programado e a interrupção breve do sono antes de voltar a dormir podem aumentar significativamente as chances de lucidez. Além disso, hábitos saudáveis – como manter horários regulares de sono, reduzir estímulos artificiais antes de dormir e registrar os sonhos ao despertar – fortalecem a conexão entre a mente consciente e o mundo onírico. Ao alinhar o conhecimento sobre os ciclos do sono com técnicas adequadas, o sonhador pode transformar o ato de dormir em uma experiência mais rica, exploratória e profundamente reveladora.

O sono é composto por ciclos de aproximadamente 90 minutos, nos quais o cérebro passa por diferentes fases. Essas fases podem ser divididas em sono não REM e sono REM. O sono não REM, por sua vez, é subdividido em três estágios. No primeiro, ocorre a transição entre a vigília e o sono, um estado leve em que a consciência ainda oscila. No segundo, o corpo relaxa mais profundamente e a atividade cerebral diminui, preparando-se para as fases posteriores. O terceiro estágio é o sono profundo, essencial para a restauração física, fortalecimento do sistema imunológico e recuperação muscular. Durante essa fase, a atividade cerebral é mínima e os sonhos são raros e fragmentados.

O estágio mais importante para os sonhos lúcidos é o sono REM. É nesse momento que a atividade cerebral se intensifica, atingindo níveis semelhantes aos da vigília. Os olhos se movem rapidamente sob as pálpebras, os músculos ficam paralisados para evitar que o corpo reproduza os movimentos dos sonhos, e a mente entra em um estado altamente imaginativo. A maior parte dos sonhos ocorre nesse estágio, e é nele que a lucidez se torna mais provável. No início da noite, os períodos de sono REM são curtos, mas conforme os ciclos avançam, eles se tornam mais longos e frequentes, com o mais extenso ocorrendo nas últimas horas antes do despertar.

Esse padrão explica por que algumas técnicas de indução do sonho lúcido envolvem acordar no meio da noite e voltar a dormir em um momento estratégico. Interromper o sono logo antes de um período REM aumenta as chances de entrar nesse estágio conscientemente. Além disso, dormir por tempo suficiente é essencial, pois quem tem um sono curto ou interrompido acaba perdendo os períodos de REM mais longos, reduzindo significativamente as oportunidades para o sonho lúcido.

A regulação do sono também influencia diretamente a capacidade de lembrar dos sonhos. Pessoas que dormem pouco ou possuem padrões de sono irregulares tendem a ter dificuldade em recordar seus sonhos, o que pode ser um obstáculo para o treinamento da lucidez onírica. A memória dos sonhos é mais forte logo ao despertar, especialmente se ocorrer diretamente de um período REM. Se uma pessoa se levanta rapidamente e se distrai com outras atividades, as lembranças do sonho se dissipam em minutos. Esse é um dos motivos pelos quais manter um diário de sonhos é tão importante: ao anotar as experiências logo ao acordar, fortalece-se a conexão com o conteúdo onírico e se treina o cérebro a dar mais atenção aos sonhos.

A qualidade do sono também afeta a profundidade e a clareza dos sonhos lúcidos. Um sono fragmentado, com interrupções frequentes, pode tornar os sonhos confusos e menos vívidos. Por outro lado, um sono profundo e restaurador favorece experiências oníricas ricas e detalhadas. Práticas como manter horários regulares para dormir e acordar, evitar estimulantes antes de deitar e criar um ambiente tranquilo no quarto ajudam a melhorar a qualidade do sono e, consequentemente, a frequência dos sonhos lúcidos.

Outro fator relevante é o efeito da privação de sono REM. Quando uma pessoa passa um período dormindo pouco e depois tem a oportunidade de descansar adequadamente, o cérebro tende a compensar o tempo perdido com um "rebote REM", aumentando a duração e a intensidade desse estágio. Esse fenômeno pode ser usado estrategicamente para facilitar a indução de sonhos lúcidos, embora não seja recomendável comprometer a saúde do sono deliberadamente.

Compreender os ciclos do sono permite que o praticante de sonhos lúcidos utilize esse conhecimento a seu favor. Saber quando os sonhos são mais intensos, como melhorar a recordação e como criar as condições ideais para um sono produtivo são passos fundamentais para acessar a lucidez onírica de maneira mais consistente. Ao invés de simplesmente esperar que um sonho lúcido aconteça por acaso, é possível estruturar o sono de forma a aumentar a probabilidade dessas experiências, transformando a prática em algo mais previsível e controlável.

Capítulo 6
Como o Cérebro Cria Sonhos

A mente humana, mesmo em repouso, continua sua incansável atividade, entrelaçando memórias, emoções e estímulos dispersos para criar experiências oníricas que desafiam a lógica do mundo desperto. O cérebro, longe de simplesmente desligar durante o sono, entra em um estado de intensa reorganização neural, no qual diferentes regiões atuam em conjunto para produzir cenários e narrativas que podem parecer desconexos, mas que refletem processos profundos da psique. A fase do sono conhecida como REM (movimento rápido dos olhos) é um dos momentos mais ativos desse fenômeno, quando ondas elétricas percorrem os circuitos cerebrais, ativando áreas responsáveis pela emoção, pela memória e pela percepção sensorial. O resultado é uma tapeçaria de imagens e situações que, embora fugazes e efêmeras, podem carregar significados simbólicos, reforçar aprendizados e até mesmo oferecer insights inesperados sobre a realidade vivida.

Ao longo da noite, o cérebro experimenta ciclos de sono que alternam entre períodos de maior e menor atividade, e é justamente durante os momentos de maior excitação neural que os sonhos assumem sua forma mais vívida. A amígdala, centro do processamento emocional, intensifica sua atuação, tornando os sonhos carregados de sentimentos intensos que podem variar do prazer ao medo, enquanto o hipocampo, responsável pela consolidação da memória, reorganiza fragmentos da experiência cotidiana, inserindo-os em narrativas peculiares. Ao mesmo tempo, o córtex visual simula paisagens e cenários que, apesar de irreais, podem ser extremamente detalhados. No entanto, a redução da atividade no córtex pré-frontal, estrutura ligada ao pensamento lógico e ao senso crítico, faz com que o sonhador aceite absurdos como normais, transitando sem resistência entre realidades desconexas e eventos impossíveis. Esse delicado equilíbrio entre razão e emoção molda a arquitetura dos sonhos e explica por que frequentemente nos vemos imersos em histórias fantásticas sem perceber sua incoerência.

 A função exata dos sonhos ainda é um mistério debatido pela neurociência, mas as pesquisas indicam que eles desempenham um papel fundamental na regulação psicológica e na organização das experiências vividas. Ao revisitar memórias, o cérebro não apenas reforça aprendizados, mas também processa emoções reprimidas, oferecendo uma espécie de ensaio mental para lidar com desafios futuros. Algumas teorias sugerem que os sonhos permitem ao cérebro testar possibilidades sem riscos reais, enquanto outras apontam que eles são um subproduto inevitável da intensa atividade neural durante o sono. Seja qual for sua finalidade, compreender os mecanismos por trás da criação dos sonhos abre caminho para o desenvolvimento da lucidez onírica, permitindo que a mente desperta interaja conscientemente com esse fascinante universo interior.

Grande parte dos sonhos ocorre durante o sono REM, quando o cérebro está em alta atividade, semelhante ao estado de vigília. Uma das regiões mais ativas nesse momento é a amígdala, responsável pelo processamento emocional. Isso explica por que os sonhos são frequentemente intensos, carregados de sentimentos que vão do êxtase ao terror. Ao mesmo tempo, o hipocampo, estrutura ligada à memória, participa do processo, recuperando fragmentos de experiências passadas e incorporando-os ao enredo dos sonhos.

O córtex visual também entra em ação, criando imagens e cenários com um nível de realismo impressionante. Durante os sonhos, essa região se comporta de maneira semelhante a quando estamos acordados, simulando percepções visuais com grande riqueza de detalhes. No entanto, o córtex pré-frontal, responsável pelo pensamento lógico e pelo controle racional, apresenta atividade reduzida, o que explica por que aceitamos situações absurdas sem questionar.

Esse desbalanceamento entre emoção e lógica faz com que os sonhos sejam altamente plásticos, mutáveis e muitas vezes ilógicos. Elementos inesperados aparecem sem aviso, transições ocorrem sem explicação e as leis da física podem ser completamente distorcidas. No entanto, quando a lucidez onírica acontece, partes do córtex pré-frontal voltam a se ativar, permitindo que o sonhador recupere sua capacidade crítica e perceba que está sonhando.

A maneira como o cérebro organiza os sonhos também está relacionada à consolidação da memória. Durante o sono, informações recebidas ao longo do dia são processadas, organizadas e, em muitos casos, incorporadas aos sonhos. É por isso que muitas vezes sonhamos com situações que vivemos recentemente ou com preocupações que ocupam nossa mente antes de dormir. Essa relação entre memória e sonho pode ser explorada no treinamento da lucidez, já que a atenção consciente aos padrões dos sonhos pode ajudar a identificá-los quando ocorrem.

Outro aspecto fascinante do processo onírico é a forma como o cérebro preenche lacunas de informação. Durante os sonhos, quando algo não faz sentido, a mente subconsciente tende a criar justificativas automáticas para manter a coerência da narrativa. Isso explica por que um cenário pode mudar repentinamente sem causar estranhamento: o cérebro simplesmente ajusta a percepção para que tudo pareça normal. Esse fenômeno pode ser usado a favor do praticante de sonhos lúcidos, pois aprender a questionar esses momentos de inconsistência é uma das chaves para despertar dentro do sonho.

As diferentes teorias sobre a função dos sonhos tentam explicar por que o cérebro dedica tanta energia a essas experiências durante o sono. Algumas abordagens sugerem que os sonhos servem para processar emoções e ajudar na regulação psicológica, enquanto outras apontam que podem ser um mecanismo de ensaio mental, permitindo que a mente teste diferentes respostas a situações desafiadoras sem riscos reais. Há também a hipótese de que os sonhos são um subproduto da atividade cerebral durante o sono, sem um propósito específico, mas com efeitos colaterais que influenciam nosso estado mental e criativo ao longo do dia.

Independentemente da função exata dos sonhos, compreender como o cérebro os constrói ajuda a perceber que, longe de serem meras ilusões desconectadas, eles são reflexos do funcionamento interno da mente. Quando alguém se torna lúcido dentro de um sonho, está essencialmente acessando esse processo de maneira consciente, navegando de forma intencional pelas criações do próprio cérebro. Isso reforça a ideia de que os sonhos, mesmo em sua aparente aleatoriedade, seguem padrões e mecanismos que podem ser compreendidos e explorados.

À medida que avançamos no desenvolvimento da lucidez onírica, essa compreensão científica se torna uma aliada poderosa. Saber como os sonhos são formados permite que o sonhador os observe com mais atenção, identifique elementos recorrentes e, com o tempo, aprenda a interagir conscientemente com esse processo. O mundo onírico, então, deixa de ser um território desconhecido e passa a ser uma extensão do próprio pensamento, um espaço onde a mente pode ser explorada de maneira intencional e transformadora.

Capítulo 7
A Ciência do Sonho Lúcido

Por muito tempo, os sonhos lúcidos foram envoltos em mistério, considerados fenômenos raros e subjetivos, relegados ao domínio da espiritualidade ou do folclore. No entanto, avanços científicos das últimas décadas demonstraram que essa experiência não só é real como pode ser investigada, documentada e até induzida. A neurociência e a psicologia têm se dedicado a compreender os mecanismos cerebrais por trás da lucidez onírica, revelando que esse estado híbrido entre o sono e a vigília possui bases neurológicas concretas. Hoje, o estudo dos sonhos lúcidos não se limita à mera curiosidade acadêmica, mas se expande para aplicações terapêuticas e cognitivas, sugerindo que a consciência dentro do sonho pode ser uma ferramenta poderosa para o autoconhecimento, a superação de traumas e até mesmo o aprimoramento de habilidades motoras e criativas.

As primeiras evidências científicas que comprovaram a existência do sonho lúcido surgiram a partir de experimentos inovadores conduzidos na década de 1970. Pesquisadores enfrentavam um desafio fundamental: como provar que um sonhador estava realmente consciente dentro de um sonho, em vez de simplesmente relatar a experiência ao acordar? A resposta veio do uso dos movimentos oculares como um meio de comunicação entre o sonhador e o mundo externo. Durante o sono REM, fase em que ocorrem os sonhos mais vívidos, os músculos oculares permanecem ativos, o que permitiu que voluntários, previamente treinados, realizassem padrões específicos de movimento ocular dentro do sonho. Esses sinais foram registrados por eletrooculogramas, fornecendo a primeira prova objetiva de que o sonhador era capaz de perceber e interagir conscientemente com o próprio sonho. Esse marco abriu caminho para uma nova era de pesquisas, conduzindo cientistas a explorar como o cérebro modula a experiência da lucidez onírica.

Com o avanço das técnicas de neuroimagem, tornou-se possível mapear o que ocorre no cérebro durante um sonho lúcido. Estudos demonstram que, ao se tornar lúcido, o cérebro exibe um padrão distinto de ativação, combinando características do sono e da vigília. O córtex pré-frontal dorsolateral, região associada à autorreflexão e ao pensamento crítico, apresenta um aumento significativo de atividade, contrastando com os sonhos normais, nos quais essa área permanece menos ativa. Esse fenômeno explica por que, ao adquirir lucidez, o sonhador passa a questionar a lógica dos eventos e reconhecer que está sonhando. Além disso, pesquisas indicam que a prática do sonho lúcido pode ter impactos positivos na regulação emocional, na redução de pesadelos recorrentes e até mesmo no desenvolvimento cognitivo. Essas descobertas não apenas validam a experiência da lucidez onírica como oferecem novas perspectivas sobre o funcionamento da consciência e suas interações com o estado de sono.

A primeira evidência científica concreta surgiu na década de 1970, quando pesquisadores começaram a procurar formas objetivas de comprovar que uma pessoa poderia se tornar consciente dentro do próprio sonho. O problema era simples: como provar que alguém estava realmente lúcido durante o sono REM e não apenas relatando a experiência ao acordar? A resposta veio de experimentos inovadores que usaram os movimentos oculares como meio de comunicação entre sonhadores lúcidos e pesquisadores.

O pioneiro nesse campo foi Keith Hearne, um psicólogo britânico que, em 1975, conduziu um experimento em que pediu a um voluntário que movesse os olhos de maneira pré-determinada enquanto estivesse lúcido em um sonho. Como os músculos oculares não sofrem paralisia durante o sono REM, esse movimento pôde ser registrado por um eletrooculograma, fornecendo a primeira prova objetiva de que a consciência onírica era real.

Pouco tempo depois, Stephen LaBerge, um pesquisador da Universidade de Stanford, desenvolveu experimentos ainda mais refinados. Ele criou protocolos para que os sonhadores lúcidos realizassem sinais específicos com os olhos durante o sonho, permitindo que os pesquisadores observassem em tempo real quando a lucidez ocorria. LaBerge também desenvolveu métodos para treinar pessoas a induzirem sonhos lúcidos deliberadamente, lançando as bases para a popularização dessa prática fora dos laboratórios.

Com o avanço da tecnologia, estudos mais sofisticados começaram a mapear o que acontece no cérebro durante um sonho lúcido. Usando ressonância magnética funcional e eletroencefalogramas, os cientistas descobriram que, quando uma pessoa se torna lúcida, certas áreas do cérebro associadas ao pensamento crítico e à autoconsciência, como o córtex pré-frontal dorsolateral, apresentam um aumento de atividade. Isso contrasta com os sonhos normais, nos quais essa região tende a estar menos ativa, explicando por que normalmente aceitamos absurdos oníricos sem questionar.

Outro achado interessante é que, durante os sonhos lúcidos, os padrões de atividade cerebral se assemelham a um estado híbrido entre o sono REM e a vigília. Isso significa que, ao adquirir lucidez, o cérebro se comporta de maneira única, misturando elementos do estado desperto com a imersão do sonho. Essa descoberta reforça a ideia de que a consciência onírica não é apenas uma ilusão subjetiva, mas um estado distinto e mensurável.

Além de comprovar a existência dos sonhos lúcidos, a ciência também tem investigado seus possíveis benefícios. Estudos indicam que pessoas que treinam a lucidez onírica relatam uma redução na frequência de pesadelos, uma maior sensação de controle sobre suas emoções e até melhorias na qualidade do sono. Há também pesquisas explorando o uso do sonho lúcido no tratamento de transtornos como o estresse pós-traumático, permitindo que os pacientes enfrentem memórias traumáticas em um ambiente seguro dentro do sonho.

Outra linha de pesquisa sugere que os sonhos lúcidos podem ser usados para aprimorar habilidades motoras. Estudos mostraram que, ao praticar mentalmente um movimento dentro do sonho, os mesmos circuitos cerebrais ativados durante a prática física são estimulados. Isso levanta a possibilidade de que sonhadores lúcidos possam treinar esportes, ensaiar apresentações ou aperfeiçoar técnicas artísticas enquanto dormem, aproveitando o poder da simulação mental para aprimorar o desempenho na vida real.

Os estudos sobre sonhos lúcidos continuam em expansão, com novas descobertas surgindo a cada ano. Pesquisadores estão explorando formas de aumentar a frequência da lucidez onírica, testar diferentes técnicas de indução e compreender melhor os mecanismos neurológicos por trás desse fenômeno. Com o avanço das tecnologias de neuroimagem e inteligência artificial, o futuro pode trazer ainda mais insights sobre como os sonhos funcionam e como podemos utilizá-los de maneira intencional.

O que antes era visto como um tema puramente filosófico ou espiritual agora se tornou um campo legítimo de estudo, onde ciência e prática se encontram. O sonho lúcido não é mais apenas um relato subjetivo, mas um fenômeno mensurável, treinável e com aplicações promissoras. À medida que o conhecimento avança, fica cada vez mais claro que a mente humana tem potencialidades ainda pouco exploradas – e os sonhos lúcidos são uma das chaves para acessá-las.

Capítulo 8
Sonhos na História e Mitologia

Desde as civilizações mais antigas até os dias atuais, os sonhos exerceram um papel fundamental na construção de mitos, crenças e interpretações sobre a natureza humana e o universo. Povos antigos viam os sonhos como manifestações divinas, revelações místicas ou mensagens do além, atribuindo-lhes significados profundos que influenciavam decisões políticas, religiosas e sociais. Antes que a ciência desvendasse os processos do sono e da atividade cerebral, os sonhos eram considerados pontes entre o mundo terreno e dimensões espirituais ou sobrenaturais. Dessa forma, ao longo da história, cada cultura desenvolveu seus próprios métodos de interpretação onírica, registrando simbolismos e buscando formas de compreender e utilizar essas experiências para a orientação da vida cotidiana. Esse olhar sobre os sonhos não apenas moldou tradições e rituais, mas também influenciou filosofias e sistemas religiosos que perduram até hoje.

Os sumérios, uma das civilizações mais antigas, já registravam sonhos em tabuletas de argila há mais de quatro mil anos, associando-os a premonições e à comunicação com os deuses. Essa tradição se expandiu para os babilônios e egípcios, que desenvolveram extensos manuais de interpretação onírica, nos quais cada símbolo possuía um significado específico. No Egito Antigo, sacerdotes especializados eram encarregados de decifrar os sonhos dos faraós, acreditando que tais visões noturnas poderiam guiar o destino de toda a nação. Os gregos e romanos, por sua vez, incorporaram os sonhos em suas filosofias e práticas religiosas. Platão e Aristóteles refletiram sobre sua natureza e função, enquanto templos dedicados ao deus Asclépio recebiam peregrinos que buscavam a cura por meio da incubação de sonhos sagrados. O oráculo de Delfos, uma das instituições mais influentes do mundo helênico, também utilizava estados alterados de consciência, frequentemente associados a visões oníricas, para fornecer respostas enigmáticas aos que buscavam orientação.

Nas tradições orientais e indígenas, os sonhos assumiram um caráter igualmente profundo e transformador. Para o budismo tibetano, a prática da Yoga do Sonho ensina os adeptos a permanecerem conscientes durante os sonhos, como forma de alcançar maior domínio sobre a mente e a realidade. Entre povos indígenas das Américas, como os xamãs de diversas tribos, os sonhos eram considerados jornadas espirituais, oportunidades para receber ensinamentos de ancestrais e espíritos da natureza. O conceito de "sonho visionário" era amplamente valorizado, sendo alcançado por meio de rituais, jejuns e meditações. Com o passar dos séculos, a visão sobre os sonhos oscilou entre o místico e o científico. Freud revolucionou a compreensão dos sonhos ao sugerir que eram expressões do inconsciente e desejos reprimidos, enquanto Jung trouxe a ideia dos arquétipos e do inconsciente coletivo, resgatando, de certa forma, a conexão entre os sonhos e os mitos da antiguidade. Hoje, embora a ciência tenha avançado no estudo dos sonhos sob uma perspectiva neurocientífica, o fascínio por seu simbolismo e impacto na psique humana permanece, revelando que essa experiência milenar continua a desempenhar um papel crucial na maneira como a humanidade entende a si mesma e o mundo ao seu redor.

Na civilização suméria, uma das primeiras da história, os sonhos já eram registrados em tabuletas de argila há mais de quatro mil anos. Reis e sacerdotes acreditavam que os deuses enviavam avisos e instruções por meio dos sonhos, influenciando decisões políticas e religiosas. Essa visão se espalhou para outras culturas do Oriente Médio, incluindo os babilônios e os egípcios, que desenvolveram sistemas sofisticados de interpretação onírica. No Egito Antigo, havia até mesmo um "Livro dos Sonhos", uma espécie de manual que ajudava a decifrar os significados ocultos das visões noturnas. Sonhar com águas calmas, por exemplo, era considerado um bom presságio, enquanto sonhar com animais selvagens poderia indicar perigo iminente.

Os gregos e romanos herdaram essa tradição e a expandiram com sua própria abordagem filosófica. Para Aristóteles, os sonhos eram manifestações do pensamento humano em estado de repouso, embora pudessem carregar insights importantes. Platão, por outro lado, sugeria que os sonhos revelavam desejos reprimidos, uma ideia que ecoaria séculos depois nos estudos de Sigmund Freud. Mas além da filosofia, o mundo greco-romano também via os sonhos como meios de comunicação com os deuses. Os templos de Asclépio, o deus da cura, eram usados para a chamada "incubação de sonhos", onde os doentes dormiam em santuários sagrados na esperança de receber uma visão divina que lhes indicasse a cura para suas enfermidades.

Na tradição judaico-cristã, os sonhos aparecem como elementos importantes nas Escrituras. Figuras bíblicas como José, no Egito, e Daniel, na Babilônia, eram conhecidos por sua habilidade de interpretar sonhos e prever eventos futuros. Nos relatos do Novo Testamento, José, pai de Jesus, recebe em sonho orientações divinas para fugir com sua família e escapar da perseguição do rei Herodes. A crença na comunicação espiritual através dos sonhos permaneceu forte ao longo da Idade Média, influenciando a cultura e a religiosidade da época.

Enquanto isso, no Oriente, tradições como o budismo e o hinduísmo exploravam os sonhos de forma diferente. Para os iogues e mestres espirituais, os sonhos não eram apenas símbolos ou mensagens, mas também um estado de consciência a ser dominado. O conceito de que o mundo dos sonhos poderia ser tão real quanto a vigília levou ao desenvolvimento de práticas como a Yoga do Sonho tibetana, que busca treinar a mente para permanecer lúcida tanto no sono quanto na morte, preparando o praticante para transições entre estados de consciência.

Entre os povos indígenas da América e os xamãs de várias partes do mundo, os sonhos eram vistos como viagens ao mundo espiritual. Muitas tribos acreditavam que os sonhos permitiam o contato com ancestrais, espíritos da natureza e guias espirituais. Para algumas culturas, cada indivíduo tinha um "sonho de poder", uma visão que revelava sua missão ou animal protetor. Rituais específicos eram realizados para induzir sonhos visionários, incluindo jejuns, meditações e o uso de ervas sagradas.

Ao longo da história, a visão sobre os sonhos oscilou entre o sagrado e o científico. Com o surgimento da psicologia moderna, teóricos como Freud e Jung trouxeram novas perspectivas. Freud via os sonhos como manifestações do inconsciente e desejos reprimidos, enquanto Jung os enxergava como um diálogo com o inconsciente coletivo, repleto de arquétipos universais. Essas ideias influenciaram o estudo dos sonhos no Ocidente e ajudaram a moldar a compreensão moderna sobre seu papel na psique humana.

Com o avanço da ciência, os sonhos passaram a ser estudados de forma mais objetiva, mas isso não diminuiu seu encanto. Hoje, sabemos que eles são produtos da atividade cerebral e que podem ser influenciados por fatores fisiológicos, psicológicos e culturais. No entanto, o interesse pelo significado dos sonhos permanece tão forte quanto na antiguidade. A busca por respostas continua, e a possibilidade de controlá-los de maneira lúcida adiciona uma nova camada de fascínio a essa jornada que acompanha a humanidade desde seus primórdios.

Capítulo 9
Incubação de Sonhos nas Culturas Antigas

A prática de moldar e influenciar o conteúdo dos sonhos acompanha a humanidade desde seus primórdios, refletindo a crença ancestral de que o mundo onírico pode ser uma via de comunicação com forças superiores, uma ferramenta de autoconhecimento ou um meio para resolver questões complexas da vida desperta. Antes que a ciência moderna começasse a investigar os mecanismos dos sonhos, inúmeras civilizações desenvolveram métodos para induzir experiências oníricas específicas, com o propósito de obter orientação espiritual, respostas a dilemas pessoais ou até mesmo curas físicas e emocionais. Esse processo, conhecido como incubação de sonhos, era um ritual amplamente respeitado, envolvendo práticas como jejuns, meditação, uso de substâncias naturais e pernoites em locais sagrados, onde se acreditava que os sonhos adquiririam um significado mais profundo.

Na Grécia Antiga, a incubação de sonhos foi levada a um nível sofisticado, especialmente nos templos dedicados a Asclépio, deus da medicina. Peregrinos de diversas regiões viajavam até esses santuários para participar de rituais que os preparavam para uma noite de sono sagrado. Acreditava-se que, ao dormir em um ambiente consagrado após passar por banhos purificadores, orações e oferendas, o sonhador receberia em seu sonho uma visita do próprio Asclépio ou de seus sacerdotes, que lhe transmitiriam orientações para a cura de doenças ou para a resolução de problemas. Relatos históricos indicam que muitas dessas experiências eram interpretadas como verdadeiras revelações divinas, reforçando a ideia de que os sonhos possuíam um caráter profético e transformador. Práticas semelhantes eram observadas no Egito Antigo, onde os faraós e sacerdotes buscavam mensagens dos deuses através dos sonhos, muitas vezes dormindo sobre pedras específicas que, segundo as crenças, ampliavam a conexão espiritual.

  Outras tradições, como a mesopotâmica, a islâmica medieval e as culturas indígenas ao redor do mundo, também valorizavam a incubação dos sonhos como uma ferramenta essencial para a vida cotidiana e o desenvolvimento espiritual. Na Mesopotâmia, registros em tabuletas de argila descrevem rituais meticulosos seguidos por reis e sacerdotes para induzir sonhos proféticos, incluindo dietas restritivas e recitação de orações específicas antes de dormir. No mundo islâmico medieval, os sufis exploravam os sonhos como uma via de comunicação direta com o divino, empregando técnicas de meditação e repetição de versos sagrados para induzir estados visionários. Entre os povos indígenas, como os nativos norte-americanos, a busca da visão era um rito de passagem no qual o indivíduo se isolava na natureza, muitas vezes em jejum, para receber em sonho revelações sobre seu propósito de vida. Hoje, embora a ciência tenha desvendado aspectos fisiológicos dos sonhos, as antigas práticas de incubação continuam a influenciar técnicas modernas de indução onírica, demonstrando que, ao longo da história, a humanidade sempre buscou maneiras de explorar e compreender esse intrigante universo do inconsciente.

Os gregos antigos foram uma das culturas que mais exploraram essa prática de maneira sistemática. Nos templos de Asclépio, deus da medicina e da cura, os peregrinos se preparavam cuidadosamente para uma noite de sono sagrado. Antes de dormir, realizavam rituais de purificação, incluindo banhos e jejum, além de orações e oferendas ao deus. Durante a noite, dormiam em uma área especial chamada abaton, onde se acreditava que Asclépio ou seus sacerdotes poderiam visitar os sonhadores em visões e oferecer conselhos de cura. Ao despertar, os participantes relatavam seus sonhos aos sacerdotes, que os interpretavam e prescreviam tratamentos baseados nas mensagens recebidas. Muitos relatos afirmam que as pessoas saíam desses templos curadas ou com uma nova clareza sobre sua condição.

No Egito Antigo, a incubação de sonhos também desempenhava um papel fundamental na vida religiosa e política. Faraós e sacerdotes utilizavam práticas semelhantes às dos gregos para obter revelações divinas. Em alguns templos, os sonhadores dormiam sobre "pedras dos sonhos", acreditando que essa prática aumentava a probabilidade de receber mensagens dos deuses. Os egípcios também tinham um sistema detalhado de interpretação onírica, que ligava certos símbolos a significados específicos, influenciando decisões importantes.

Na Mesopotâmia, onde surgiram algumas das primeiras civilizações organizadas, os sonhos eram considerados mensagens diretas dos deuses. Textos cuneiformes descrevem rituais para induzir sonhos proféticos, nos quais o praticante deveria seguir um conjunto específico de regras antes de dormir, como evitar certos alimentos ou recitar orações. Os babilônios possuíam sacerdotes especializados na interpretação dos sonhos, que auxiliavam reis e líderes a tomar decisões estratégicas com base nas mensagens oníricas.

No mundo islâmico medieval, a incubação de sonhos foi amplamente praticada por místicos e sufis, que acreditavam que os sonhos eram um meio de comunicação entre Deus e os fiéis. Muitos buscavam respostas para questões espirituais ou decisões importantes através da "visão verdadeira", um sonho que se distinguia dos demais por sua clareza e impacto emocional. Alguns sufis desenvolveram técnicas de meditação e recitação de versos sagrados antes de dormir para aumentar a chance de ter essas experiências.

As tradições indígenas ao redor do mundo também desenvolveram métodos próprios de incubação de sonhos. Entre os povos nativos norte-americanos, por exemplo, havia o conceito da busca da visão, um ritual em que jovens passavam dias isolados na natureza, frequentemente em jejum, para induzir sonhos que revelariam sua missão de vida ou trariam mensagens dos espíritos. Em algumas tribos sul-americanas, o uso de plantas psicoativas era empregado para intensificar os sonhos e facilitar o contato com guias espirituais.

O que essas diferentes culturas tinham em comum era a crença de que os sonhos não eram eventos aleatórios, mas experiências significativas que podiam ser cultivadas e exploradas. Embora as explicações para os sonhos variassem – de mensagens divinas a encontros com espíritos – a ideia central de que se podia influenciar o conteúdo onírico persistiu ao longo da história.

Hoje, com o avanço da ciência, compreendemos que a mente realmente pode ser treinada para direcionar os sonhos. Técnicas de sugestão antes de dormir, visualização de cenários desejados e repetição de afirmações são versões modernas dessas antigas práticas de incubação de sonhos. Ainda que as crenças tenham mudado, a essência dessa busca continua a mesma: usar o mundo dos sonhos como uma ferramenta de aprendizado, crescimento e autoconhecimento.

Capítulo 10
Sonhos nas Tradições Espirituais Orientais

As tradições espirituais orientais sempre enxergaram os sonhos como portais para dimensões mais profundas da consciência, onde a mente pode transcender os limites da percepção comum e acessar estados elevados de compreensão. Diferente da visão ocidental, que por séculos considerou os sonhos como manifestações subjetivas ou meras criações do inconsciente, no Oriente, eles são vistos como oportunidades de aprendizado e despertar espiritual. Culturas como o budismo tibetano, o hinduísmo, o taoísmo e o zen-budismo desenvolveram práticas sofisticadas para explorar o mundo onírico, considerando-o uma extensão da jornada espiritual. Nesses sistemas, a separação entre vigília e sonho é apenas aparente, pois ambos são manifestações da mesma realidade fluida e impermanente. Aquele que aprende a despertar dentro do sonho adquire ferramentas para também despertar para a verdadeira natureza da existência.

A Yoga dos Sonhos, praticada no budismo tibetano e na tradição Bön, é uma das abordagens mais elaboradas para o treinamento da consciência onírica. Para os mestres dessa tradição, o reconhecimento da ilusão dentro do sonho é um exercício que prepara o praticante para perceber a ilusão da realidade desperta, dissolvendo a fixação na identidade individual e nas aparências mundanas. Técnicas específicas são ensinadas para alcançar esse nível de consciência, incluindo a recitação de mantras antes de dormir, visualizações específicas e o cultivo da atenção plena ao longo do dia. O praticante aprende a questionar sua realidade constantemente, criando o hábito de testar se está sonhando, até que essa atitude se transfira naturalmente para o estado onírico. Ao dominar essa prática, ele não apenas adquire controle sobre seus sonhos, mas também desenvolve uma mente mais lúcida e desperta na vida cotidiana.

No hinduísmo, práticas semelhantes são encontradas no Yoga Nidra, conhecido como "sono yogue", que permite ao praticante permanecer consciente enquanto o corpo repousa. Esse estado é considerado uma ponte entre o sono profundo e a meditação, permitindo acesso a níveis mais sutis da mente sem perder a percepção. No taoísmo, os sonhos são compreendidos como manifestações do fluxo natural da existência, ilustrado por reflexões filosóficas como a famosa parábola de Zhuangzi sobre a borboleta e o questionamento da natureza da realidade. No budismo zen, a impermanência dos sonhos serve como um lembrete da transitoriedade de todas as coisas, reforçando a necessidade do desapego. Essas tradições compartilham a ideia central de que os sonhos não são meros fenômenos cerebrais, mas sim territórios de exploração espiritual. O conhecimento acumulado por essas escolas milenares permanece relevante, oferecendo a qualquer pessoa que deseje explorar a consciência onírica um caminho para maior clareza mental, atenção plena e compreensão da própria mente.

Uma das tradições mais conhecidas nesse contexto é a Yoga dos Sonhos, praticada no budismo tibetano e na tradição Bön. Para os mestres tibetanos, os sonhos são um reflexo da natureza ilusória da realidade. Se no estado desperto as pessoas acreditam que o mundo material é sólido e permanente, os sonhos mostram que tudo pode ser moldado pela mente. Segundo esses ensinamentos, perceber a ilusão dentro do sonho é um treinamento para perceber a ilusão da vida, levando ao despertar espiritual definitivo.

Os praticantes da Yoga dos Sonhos passam anos desenvolvendo a capacidade de manter a consciência ininterrupta, tanto no sono quanto na vigília. Técnicas específicas são utilizadas para fortalecer essa lucidez, como meditações antes de dormir, recitação de mantras e visualizações que preparam a mente para reconhecer o estado onírico. O objetivo não é apenas ter controle sobre os sonhos, mas utilizá-los como uma ferramenta para expandir a percepção da realidade.

No hinduísmo, há práticas semelhantes associadas ao Yoga Nidra, também chamado de "sono yogue". Nessa tradição, o sono não é visto como um período de inconsciência total, mas como um estado no qual a mente pode permanecer alerta em níveis mais sutis. Mestres dessa prática ensinam que é possível atingir um estado de consciência profunda sem perder a percepção, acessando um espaço de pura observação onde o praticante pode testemunhar seus próprios pensamentos e emoções sem se apegar a eles.

No taoísmo chinês, os sonhos também desempenham um papel importante. Filósofos taoístas, como Zhuangzi, refletiam sobre a natureza da realidade ao questionar se a vida desperta era mais real do que o sonho. Uma de suas histórias mais conhecidas conta como, certa vez, ele sonhou que era uma borboleta. Ao despertar, ficou em dúvida: teria sido um homem sonhando que era uma borboleta, ou uma borboleta sonhando que era um homem? Esse pensamento influenciou gerações de praticantes taoístas, que viam os sonhos como uma extensão do fluxo natural da existência.

No Japão, dentro da tradição do budismo zen, os sonhos são considerados manifestações da mente e oportunidades para a contemplação. Monges zen utilizam técnicas de atenção plena para levar lucidez ao mundo onírico, muitas vezes meditando sobre a impermanência dos sonhos como um reflexo da impermanência da vida. O treinamento da mente para questionar a realidade dos sonhos reforça o entendimento de que todas as experiências, tanto no sono quanto na vigília, são transitórias e não devem ser agarradas rigidamente.

O que todas essas tradições têm em comum é a visão de que os sonhos são mais do que um fenômeno neurológico. Eles são um campo de exploração da consciência, um território onde a mente pode ser treinada para perceber a verdade além das aparências. Enquanto a ciência moderna busca explicar os sonhos por meio da atividade cerebral, as tradições espirituais orientais os veem como um caminho para a libertação.

Mesmo para quem não segue essas filosofias, os ensinamentos contidos nelas oferecem lições valiosas sobre como enxergar os sonhos de maneira mais profunda. A prática da lucidez onírica, tão valorizada nessas tradições, não precisa ser limitada ao entretenimento ou à experimentação mental. Ela pode ser um meio de desenvolver maior clareza, atenção plena e uma conexão mais profunda com a própria mente. Assim como os mestres tibetanos, iogues e monges zen exploraram o mundo dos sonhos para expandir sua consciência, qualquer pessoa pode aplicar esse conhecimento para transformar sua relação com o sono e com a realidade.

Capítulo 11
Perspectivas Xamânicas e Indígenas dos Sonhos

As culturas indígenas ao redor do mundo atribuem aos sonhos um papel fundamental na interação entre o mundo material e as esferas espirituais, considerando-os não apenas reflexos da mente humana, mas portais para dimensões mais profundas da existência. Nas tradições xamânicas, os sonhos não são interpretados como simples manifestações do inconsciente, mas como veículos de comunicação com ancestrais, espíritos da natureza e forças superiores que orientam o caminho dos indivíduos e das comunidades. Essa perspectiva contrasta fortemente com a visão predominante da ciência ocidental, que frequentemente reduz os sonhos a processos neurológicos desprovidos de significado transcendental. Para os povos indígenas, a experiência onírica ultrapassa os limites da percepção comum, proporcionando ensinamentos valiosos, revelações espirituais e até mesmo previsões sobre eventos futuros. O sonhador, nesse contexto, não é apenas um espectador passivo, mas um viajante que pode interagir conscientemente com essas realidades, extraindo delas sabedoria e propósito.

Entre os diversos grupos indígenas, os sonhos são considerados parte integrante da formação espiritual e social de cada indivíduo, sendo utilizados em rituais iniciáticos e práticas de cura. O processo de aprendizado xamânico, por exemplo, frequentemente começa com sonhos visionários, nos quais o aprendiz recebe instruções de seres espirituais ou entra em contato com entidades que o guiam em sua jornada. Esse conhecimento não é adquirido por meio de estudo convencional, mas através da experiência direta em estados alterados de consciência, nos quais a alma se desprende das amarras da vigília para explorar territórios invisíveis. A busca de visões, um ritual praticado por diversas tribos ao redor do mundo, exemplifica essa relação entre sonhos e espiritualidade. Durante essa prática, jovens ou futuros xamãs isolam-se na natureza, submetendo-se a jejuns e meditações na expectativa de receber um sonho revelador que definirá seu papel dentro da comunidade. Essas visões podem apresentar guias espirituais em forma de animais, símbolos ou mensagens que são cuidadosamente interpretadas pelos anciãos da tribo.

    A importância dos sonhos transcende a esfera individual, influenciando decisões comunitárias e estabelecendo conexões profundas entre os seres humanos e o universo espiritual. Muitas sociedades indígenas compartilham os sonhos entre seus membros ao despertar, buscando interpretar seus significados coletivamente para orientar suas ações no dia a dia. Em algumas tradições, acredita-se que certos indivíduos possuem a habilidade especial de sonhar para a comunidade, acessando informações ocultas que podem prevenir desastres, revelar curas para doenças ou indicar os melhores caminhos para caça e sobrevivência. Além disso, os sonhos são considerados ferramentas essenciais na manutenção do equilíbrio espiritual, sendo utilizados para identificar desequilíbrios energéticos, resolver conflitos internos e até mesmo enfrentar forças sombrias que possam estar influenciando negativamente a vida de uma pessoa ou de toda a tribo. Essa visão ampla e respeitosa sobre os sonhos revela uma abordagem holística da realidade, onde a dimensão onírica é reconhecida como um espaço legítimo de aprendizado e transformação, capaz de conectar os indivíduos às raízes ancestrais e às forças invisíveis que moldam o mundo.

Entre os povos indígenas da América do Norte, por exemplo, os sonhos desempenham um papel fundamental nos rituais e na organização social. Algumas tribos acreditam que todos possuem um espírito guia que pode se manifestar em sonhos, fornecendo ensinamentos e proteção. Para identificar esses guias, jovens em transição para a vida adulta realizam a busca da visão, um ritual de isolamento na natureza, geralmente acompanhado de jejuns e meditações. Durante esse período, espera-se que o indivíduo receba um sonho significativo que revele sua missão de vida ou lhe traga um animal de poder, um símbolo pessoal de força e sabedoria.

Os xamãs, considerados intermediários entre o mundo espiritual e o mundo físico, costumam utilizar os sonhos como meio de comunicação com forças invisíveis. Em muitas tradições, o treinamento de um xamã começa com experiências oníricas intensas, nas quais ele recebe instruções de entidades espirituais ou aprende a navegar conscientemente pelos sonhos. Esses guias espirituais podem aparecer na forma de animais, ancestrais ou seres mitológicos, trazendo mensagens que são interpretadas e aplicadas à vida da comunidade.

Na tradição dos aborígenes australianos, existe o conceito do Tempo do Sonho, uma realidade mítica e atemporal que serve como fundamento para a criação do mundo. Para os aborígenes, os sonhos não apenas refletem a mente humana, mas também são uma manifestação contínua desse tempo sagrado, onde os ancestrais deixaram ensinamentos que ainda podem ser acessados por aqueles que sabem interpretar os sinais. Os sonhadores são vistos como viajantes espirituais que podem transitar entre dimensões, trazendo conhecimentos que ajudam a orientar suas tribos.

Na Amazônia, entre tribos como os Ashaninka e os Yanomami, os sonhos são considerados revelações diretas do espírito da floresta. Os xamãs dessas comunidades frequentemente utilizam plantas de poder, como a ayahuasca, para induzir estados alterados de consciência e ampliar a percepção dos sonhos. Nesses estados, acredita-se que a alma pode viajar além do corpo, encontrando espíritos da natureza, curadores e seres de outros planos. As visões obtidas são compartilhadas com a tribo e podem influenciar decisões sobre caça, cura de doenças e até mesmo conflitos entre grupos.

Para muitas dessas culturas, os sonhos são uma forma de aprendizado tão legítima quanto a experiência desperta. O conhecimento adquirido em um sonho pode ser tão válido quanto aquele obtido através da observação direta, pois ele vem de uma fonte que transcende o intelecto. O mundo onírico, nesse contexto, não é uma ilusão passageira, mas uma dimensão de existência tão real quanto a vida cotidiana.

Diferente da visão científica ocidental, que geralmente enxerga os sonhos como um processo neurológico sem significado transcendente, as tradições xamânicas os tratam como eventos fundamentais para a compreensão da realidade. Essa abordagem levanta questões interessantes sobre a natureza da consciência. Se culturas tão diversas afirmam que os sonhos podem ser usados para acessar conhecimento e transformar a vida, há algo nessas práticas que merece ser explorado mais profundamente.

A conexão entre os sonhos e a espiritualidade xamânica também se reflete na maneira como essas tradições lidam com pesadelos. Enquanto na psicologia moderna os pesadelos costumam ser interpretados como reflexos de medos internos ou traumas não resolvidos, para os xamãs eles podem ser manifestações de desequilíbrios energéticos ou até mesmo tentativas de comunicação de espíritos ou forças da natureza. Em vez de evitar esses sonhos, o praticante é incentivado a enfrentá-los e compreendê-los. Algumas tribos ensinam que um pesadelo pode ser um teste, um desafio a ser superado dentro do sonho, permitindo que o sonhador adquira força e sabedoria.

Outro aspecto notável da visão indígena sobre os sonhos é o papel que eles desempenham na vida comunitária. Em muitas sociedades tradicionais, ao despertar, os membros da tribo compartilham seus sonhos com os outros, buscando significados e orientações para o dia. Em algumas culturas africanas, por exemplo, há reuniões matinais em que os sonhos da noite anterior são discutidos coletivamente. O mesmo acontece em algumas aldeias norte-americanas, onde os anciãos ajudam a interpretar os sonhos dos jovens e a orientá-los sobre o que fazer com essas mensagens.

Embora a ciência moderna tenha se afastado dessas interpretações, há algo valioso na maneira como essas culturas tratam os sonhos: elas os respeitam. Em vez de descartá-los como meras criações do inconsciente, veem-nos como parte de uma grande rede de comunicação entre o indivíduo, sua comunidade e o mundo espiritual. Essa atitude pode ensinar muito a quem deseja desenvolver a consciência onírica, pois incentiva uma relação mais atenta e respeitosa com os próprios sonhos.

Ao estudar essas tradições, fica claro que a prática de buscar lucidez nos sonhos não é uma invenção recente, nem um fenômeno isolado. A humanidade sempre buscou maneiras de interagir conscientemente com o mundo onírico, seja para buscar conhecimento, seja para explorar territórios além da vigília. Os xamãs e as culturas indígenas têm explorado essa possibilidade há milênios, e seus métodos oferecem pistas valiosas sobre como podemos aprofundar nossa própria prática.

Para aqueles que desejam aprender com essas tradições, uma das primeiras lições é prestar mais atenção aos sonhos. Criar o hábito de anotá-los, refletir sobre seus significados e compartilhá-los com outras pessoas pode ajudar a fortalecer a conexão com o mundo onírico. Além disso, a coragem de enfrentar pesadelos e a disposição para explorar os símbolos que surgem nos sonhos podem abrir portas para descobertas transformadoras.

A visão xamânica nos lembra que os sonhos são mais do que imagens efêmeras que desaparecem ao acordarmos. Eles são territórios a serem explorados, mensagens a serem decifradas e, talvez, um convite para expandirmos nossa compreensão da própria realidade. Assim como os antigos mestres indígenas navegavam pelo mundo dos sonhos em busca de respostas, qualquer pessoa pode aprender a fazer o mesmo, usando a lucidez onírica como um meio de viajar entre mundos e desvendar os mistérios da própria mente.

Capítulo 12
O Sonho Lúcido na Era Moderna

A compreensão dos sonhos lúcidos evoluiu significativamente ao longo do tempo, saindo do campo das crenças esotéricas e místicas para tornar-se objeto de estudos científicos e ferramenta de desenvolvimento pessoal. Atualmente, essa prática não é mais vista como um fenômeno isolado ou restrito a experiências espontâneas, mas sim como uma habilidade treinável, capaz de proporcionar benefícios que vão desde a exploração criativa até a melhoria da saúde mental. O avanço da neurociência, aliado ao crescente interesse por estados alterados de consciência, trouxe novas perspectivas sobre a lucidez onírica, permitindo que um número cada vez maior de pessoas acesse e compreenda esse fascinante aspecto da mente humana. O sonho lúcido, portanto, não apenas amplia a percepção da realidade, mas também abre portas para o autoconhecimento e para a experimentação de possibilidades que, na vigília, estariam limitadas pelas leis físicas.

Desde o final do século XIX, quando os primeiros relatos sistemáticos sobre sonhos lúcidos começaram a surgir no Ocidente, até os dias atuais, a busca por compreender e induzir esse fenômeno tem mobilizado estudiosos, praticantes e entusiastas ao redor do mundo. O psiquiatra holandês Frederik van Eeden foi um dos primeiros a descrever detalhadamente a experiência da lucidez onírica, e, a partir de então, pesquisas começaram a se desenvolver, ainda que de maneira marginal. Foi apenas com os avanços da neurociência e da psicologia experimental no século XX que a validade dos sonhos lúcidos passou a ser amplamente reconhecida. Os experimentos conduzidos por Stephen LaBerge na Universidade de Stanford, por exemplo, demonstraram cientificamente que era possível estar consciente dentro de um sonho e até mesmo interagir com o ambiente onírico de maneira controlada. Essas descobertas não apenas legitimaram o tema no meio acadêmico, mas também possibilitaram o desenvolvimento de técnicas acessíveis para que qualquer pessoa pudesse experimentar a lucidez nos sonhos.

O impacto dessa prática vai muito além da mera curiosidade científica. Ao longo dos anos, o sonho lúcido tem sido explorado como uma ferramenta poderosa para o aprimoramento de habilidades, a superação de traumas e a expansão da criatividade. Técnicas desenvolvidas por pesquisadores e praticantes possibilitam que sonhadores aprendam a interagir conscientemente com seus próprios medos, enfrentando pesadelos recorrentes e ressignificando experiências traumáticas. Além disso, atletas e artistas têm utilizado os sonhos lúcidos como um espaço de treinamento mental, onde podem aprimorar técnicas e testar novas ideias sem as limitações do mundo físico. Com o avanço da tecnologia, dispositivos e aplicativos foram criados para ajudar na indução da lucidez onírica, tornando a experiência mais acessível e frequente. A cultura popular também desempenhou um papel crucial na disseminação do tema, com filmes, livros e jogos eletrônicos que exploram a possibilidade de manipulação consciente dos sonhos, despertando a curiosidade do público e incentivando novas pesquisas. Hoje, a exploração do sonho lúcido não é apenas um campo de estudo, mas um fenômeno que se expande constantemente, unindo ciência, tecnologia e tradição na busca por compreender e transformar a mente humana.

A redescoberta dos sonhos lúcidos no Ocidente moderno começou no final do século XIX e início do século XX, quando psiquiatras e pesquisadores de fenômenos mentais começaram a se interessar pelo assunto. O termo "sonho lúcido" foi cunhado em 1913 pelo psiquiatra holandês Frederik van Eeden, que documentou suas próprias experiências de lucidez onírica. Ele percebeu que, em certos sonhos, tinha plena consciência de que estava sonhando e podia, em alguns casos, modificar os eventos. Esse relato chamou a atenção de outros pesquisadores, mas por muito tempo os sonhos lúcidos permaneceram à margem da ciência, vistos mais como curiosidade do que como um fenômeno digno de estudo sistemático.

Nos anos 1970 e 1980, tudo começou a mudar com os experimentos conduzidos por Stephen LaBerge na Universidade de Stanford. Determinado a provar cientificamente que a lucidez nos sonhos era real e verificável, LaBerge desenvolveu um protocolo em que sonhadores lúcidos faziam sinais oculares específicos enquanto estavam dormindo. Como os movimentos oculares não são paralisados durante o sono REM, os pesquisadores conseguiram registrar esses sinais em tempo real, provando que o sonho lúcido não era apenas um relato subjetivo, mas um estado mensurável da mente.

A partir dessas descobertas, LaBerge não apenas legitimou o fenômeno no meio acadêmico, como também desenvolveu métodos práticos para induzir sonhos lúcidos de forma sistemática. Ele criou a técnica de indução mnemônica do sonho lúcido, baseada na intenção e repetição de comandos mentais antes de dormir, e publicou livros que trouxeram a prática para o grande público. Com isso, o sonho lúcido deixou de ser um fenômeno esporádico para se tornar uma habilidade treinável, acessível a qualquer pessoa disposta a praticar.

Na mesma época, o interesse pelos sonhos lúcidos foi impulsionado por movimentos ligados à espiritualidade e à consciência expandida. O livro "A Arte de Sonhar", de Carlos Castaneda, trouxe o conceito para um público mais amplo ao descrever ensinamentos xamânicos sobre a consciência onírica. Embora sua obra misture ficção e realidade, ela ajudou a popularizar a ideia de que o mundo dos sonhos poderia ser explorado de maneira consciente, reforçando o interesse por práticas que levassem à lucidez onírica.

Com a chegada da era digital, o estudo e a prática dos sonhos lúcidos passaram a se expandir ainda mais. Fóruns online, comunidades de sonhadores lúcidos e grupos de estudo começaram a se formar, permitindo que pessoas ao redor do mundo compartilhassem experiências, técnicas e descobertas. O acesso a informações científicas também se tornou mais fácil, permitindo que um número crescente de pessoas se interessasse por esse fenômeno.

Ao mesmo tempo, a tecnologia começou a desempenhar um papel crucial na indução e no estudo dos sonhos lúcidos. Dispositivos como máscaras de sonho lúcido, que emitem sinais luminosos ou sonoros durante o sono REM para alertar o sonhador de que está sonhando, foram desenvolvidos para facilitar o processo de indução. Aplicativos para celular começaram a surgir, ajudando os praticantes a registrar e analisar seus sonhos, enquanto a neurociência avançava no mapeamento do cérebro durante a lucidez onírica.

Além do aspecto experimental e tecnológico, o sonho lúcido passou a ser explorado em diversas áreas, incluindo a psicologia e a medicina. Terapias baseadas em sonhos lúcidos começaram a ser usadas para tratar pesadelos recorrentes e distúrbios do sono. Pacientes com estresse pós-traumático aprenderam a interagir conscientemente com seus pesadelos, reduzindo o impacto emocional das lembranças traumáticas. Atletas e artistas descobriram que poderiam praticar mentalmente dentro dos sonhos lúcidos, aprimorando habilidades e explorando novas formas de criatividade.

O interesse pelo tema cresceu tanto que, hoje, universidades e centros de pesquisa realizam estudos sobre os efeitos e aplicações dos sonhos lúcidos. Cientistas investigam como esse fenômeno pode impactar a neuroplasticidade do cérebro, melhorar o aprendizado e até mesmo oferecer insights sobre a natureza da consciência. Algumas pesquisas exploram a possibilidade de utilizar a lucidez onírica para simular e resolver problemas complexos, aproveitando a liberdade mental que os sonhos proporcionam.

Além do meio acadêmico, a cultura popular também ajudou a disseminar o conceito dos sonhos lúcidos. Filmes como "A Origem" exploraram a ideia de um mundo onírico onde as pessoas podem manipular a realidade, despertando a curiosidade do público sobre a possibilidade de controlar os próprios sonhos. Séries, livros e videogames passaram a abordar o tema, refletindo o crescente interesse da sociedade por estados de consciência alternativos.

O sonho lúcido, que antes era visto como um fenômeno raro e pouco compreendido, agora ocupa um espaço cada vez maior no campo da exploração mental e do desenvolvimento humano. Ele não apenas comprova a plasticidade da mente, mas também oferece um vislumbre das possibilidades infinitas que existem dentro da consciência. O que antes era um conhecimento restrito a poucos agora está disponível para qualquer pessoa interessada em explorar o mundo dos sonhos com plena consciência.

O futuro dos estudos sobre sonhos lúcidos parece promissor. À medida que a ciência avança e novas tecnologias surgem, mais pessoas terão acesso a métodos para induzir e explorar esse estado. O que antes era um mistério agora se torna uma ferramenta para o autoconhecimento, a criatividade e a compreensão da mente humana. Ao unir conhecimento antigo e moderno, tradição e inovação, os sonhos lúcidos continuam a evoluir como um dos mais fascinantes territórios da experiência humana.

Capítulo 13
Preparando-se para a Jornada Onírica

A preparação para a jornada onírica começa muito antes de fechar os olhos para dormir; ela envolve a criação de um ambiente adequado, o desenvolvimento de hábitos saudáveis e a construção de uma mentalidade propícia à lucidez onírica. O primeiro passo fundamental é cultivar uma relação mais profunda com os próprios sonhos, reconhecendo sua importância e prestando atenção aos detalhes de cada experiência noturna. Muitas vezes, a dificuldade em alcançar a lucidez não está na incapacidade do cérebro de despertar dentro do sonho, mas na falta de familiaridade e envolvimento com o próprio mundo onírico. Criar o hábito de registrar os sonhos em um diário ao despertar é uma das formas mais eficazes de fortalecer essa conexão, pois permite identificar padrões, temas recorrentes e sinais que podem ser utilizados como gatilhos para a lucidez. Quanto mais se escreve e reflete sobre os sonhos, mais o cérebro aprende a valorizar e lembrar essas experiências, aumentando naturalmente a frequência da consciência onírica.

Além do registro dos sonhos, a preparação física e mental desempenha um papel crucial na jornada onírica. O sono de qualidade é essencial para qualquer prática de lucidez, pois é durante os estágios mais profundos do sono REM que os sonhos se tornam mais vívidos e propícios ao despertar da consciência. Criar um ambiente de descanso ideal significa minimizar distrações externas, regular a temperatura do quarto e evitar a exposição a luzes artificiais antes de dormir, especialmente aquelas emitidas por telas de dispositivos eletrônicos. Da mesma forma, hábitos alimentares também influenciam a experiência onírica: uma dieta equilibrada, com a ingestão de alimentos ricos em triptofano e vitamina B6, pode potencializar a intensidade dos sonhos e favorecer a memória onírica. Evitar estimulantes como cafeína e álcool antes de dormir contribui para um sono mais profundo e restaurador, essencial para alcançar estados de lucidez dentro dos sonhos.

    A preparação mental envolve tanto a programação da intenção quanto o controle das emoções associadas à experiência onírica. A repetição de afirmações antes de dormir, como "hoje à noite estarei consciente nos meus sonhos", funciona como uma sugestão hipnótica que reforça a expectativa de lucidez. A visualização também é uma técnica poderosa: imaginar-se dentro de um sonho lúcido, experimentando sensações e interagindo conscientemente com o ambiente onírico, cria um condicionamento mental que aumenta a probabilidade de vivenciar esse estado na prática. Além disso, é essencial enfrentar possíveis receios inconscientes em relação ao sonho lúcido, como o medo do desconhecido ou da perda de controle. Cultivar uma atitude de curiosidade e exploração, compreendendo que o sonho lúcido é um espaço seguro para experimentação, ajuda a dissipar inseguranças e bloqueios emocionais que possam dificultar a experiência. Com a preparação adequada, a jornada onírica se torna mais acessível e recompensadora, proporcionando experiências ricas, transformadoras e cada vez mais frequentes.

O ambiente onde se dorme desempenha um papel crucial na qualidade do sono e, consequentemente, na experiência onírica. Um quarto escuro, silencioso e confortável favorece ciclos de sono mais estáveis, aumentando as chances de alcançar o sono REM de forma plena. Evitar luzes artificiais fortes antes de dormir, especialmente as emitidas por telas de celulares e computadores, ajuda a regular a produção de melatonina, o hormônio responsável pelo sono. A temperatura do ambiente também influencia o descanso, sendo recomendável um espaço fresco e arejado. Pequenos ajustes no local de descanso podem fazer uma diferença significativa na profundidade dos sonhos e na facilidade de atingir estados de lucidez.

Além das condições externas, a preparação mental também é essencial. Muitas pessoas entram no sono carregando preocupações, pensamentos dispersos e emoções desorganizadas, o que pode tornar os sonhos caóticos e difíceis de lembrar. Criar um ritual antes de dormir, como meditação ou técnicas de relaxamento, ajuda a acalmar a mente e direcionar a intenção para a lucidez onírica. Práticas de respiração profunda e visualização antes de adormecer podem ser especialmente úteis para estabelecer uma conexão mais consciente com o mundo dos sonhos.

Outro aspecto fundamental é a programação da intenção. Ao longo da história, tradições espirituais e práticas de incubação de sonhos demonstraram que definir uma intenção clara antes de dormir pode influenciar diretamente o conteúdo onírico. Repetir mentalmente frases como "esta noite estarei consciente em meu sonho" ou visualizar um cenário específico dentro do sonho reforça essa programação, aumentando a probabilidade de despertar dentro da experiência onírica. A repetição diária dessa prática fortalece o vínculo entre a consciência desperta e a consciência onírica.

O sono regular e bem estruturado é um dos principais pilares para a prática dos sonhos lúcidos. Criar uma rotina de horários fixos para dormir e acordar estabiliza os ciclos do sono, garantindo que os períodos REM – onde os sonhos lúcidos são mais prováveis – ocorram de forma previsível. Pessoas que dormem poucas horas por noite ou têm padrões de sono irregulares podem ter dificuldade em desenvolver a lucidez onírica, pois a instabilidade do sono interfere na capacidade do cérebro de entrar em estados profundos de consciência.

A relação entre a dieta e os sonhos também merece atenção. Alguns alimentos e substâncias podem influenciar a qualidade do sono e a intensidade dos sonhos. Evitar cafeína, nicotina e outras substâncias estimulantes nas horas que antecedem o sono pode ajudar a manter um descanso mais profundo. Há evidências de que certos alimentos ricos em vitamina B6 podem aumentar a vivacidade dos sonhos, assim como alguns suplementos que estimulam a atividade do cérebro durante o sono REM. No entanto, qualquer experimento com suplementos deve ser feito com cautela e responsabilidade, priorizando sempre um sono natural e saudável.

Além dessas preparações físicas e mentais, é importante abordar os aspectos emocionais e psicológicos da prática dos sonhos lúcidos. Muitas pessoas têm receios inconscientes sobre a ideia de despertar dentro dos próprios sonhos, temendo perder o controle ou enfrentar experiências desconhecidas. Esse tipo de bloqueio pode impedir o progresso na jornada onírica. Uma maneira de superar esse medo é desenvolver uma mentalidade de curiosidade e exploração, lembrando que o sonho lúcido é um ambiente seguro onde nada pode causar dano real.

Outro aspecto psicológico importante é a paciência. O desenvolvimento da lucidez nos sonhos é um processo gradual, que exige consistência e dedicação. Algumas pessoas conseguem ter sonhos lúcidos rapidamente, enquanto outras precisam de semanas ou meses de prática antes de atingir resultados satisfatórios. Evitar frustrações e manter uma abordagem leve e positiva ajuda a manter a motivação ao longo do caminho.

O autoconhecimento desempenha um papel essencial na preparação para a jornada onírica. Cada pessoa tem uma relação única com os sonhos, e entender os próprios padrões oníricos pode facilitar a indução da lucidez. Observar quais tipos de sonhos são mais frequentes, quais emoções predominam e quais elementos aparecem com regularidade pode fornecer pistas valiosas para reconhecer quando se está sonhando.

A jornada para a lucidez onírica começa muito antes de adormecer. Criar um ambiente propício, estabelecer uma rotina de sono saudável, preparar a mente com intenção e superar possíveis bloqueios emocionais são passos fundamentais para quem deseja explorar o mundo dos sonhos de forma consciente. Ao alinhar esses elementos, o sonhador estabelece uma base sólida para experiências mais ricas, estáveis e significativas, abrindo caminho para o verdadeiro domínio do universo onírico.

Capítulo 14
Mantendo um Diário de Sonhos

Registrar os sonhos regularmente é um exercício poderoso que fortalece a conexão entre a mente consciente e o mundo onírico, permitindo ao sonhador compreender melhor suas experiências noturnas e, consequentemente, aumentar suas chances de atingir a lucidez dentro dos sonhos. A prática de manter um diário de sonhos não apenas aprimora a memória onírica, mas também ajuda a identificar padrões recorrentes, emoções latentes e símbolos pessoais que podem servir como gatilhos para a percepção consciente durante o sono. O cérebro, quando treinado a dar importância aos sonhos, responde intensificando sua capacidade de lembrança e tornando as imagens oníricas mais vívidas e detalhadas. Dessa forma, o diário se transforma em um verdadeiro mapa da jornada interior, proporcionando ao sonhador um meio de navegar com maior clareza pelo universo dos sonhos.

Para obter os melhores resultados com um diário de sonhos, é essencial estabelecer uma rotina disciplinada de registro imediato ao despertar. Nos primeiros momentos após acordar, as memórias dos sonhos ainda estão frescas, mas tendem a desaparecer rapidamente caso não sejam anotadas. Permanecer alguns instantes em silêncio, com os olhos fechados e focado em recuperar fragmentos do sonho, pode ajudar a resgatar detalhes importantes antes que se dissipem. Mesmo que inicialmente as lembranças sejam vagas ou incompletas, anotar palavras-chave ou imagens soltas já auxilia no fortalecimento da memória onírica. Com o tempo, a prática contínua aumenta a capacidade de recordação, permitindo que o sonhador lembre não apenas de um, mas de múltiplos sonhos por noite, incluindo suas sequências e transições. Além disso, descrever os sonhos com riqueza de detalhes – registrando cenários, sensações, diálogos e emoções – aprimora a percepção da experiência onírica e facilita a identificação de elementos que se repetem ao longo do tempo.

    Outro aspecto fundamental do diário de sonhos é a análise dos registros acumulados. Ao revisar periodicamente as anotações, padrões começam a emergir: certos lugares, personagens ou situações tendem a se repetir, revelando sinais dos sonhos que podem ser usados como gatilhos para a lucidez. Reconhecer esses padrões e treiná-los na mente desperta aumenta a probabilidade de perceber quando se está sonhando, um passo essencial para o desenvolvimento da consciência onírica. Além disso, a interpretação dos sonhos pode oferecer insights valiosos sobre a psique do sonhador, auxiliando no autoconhecimento e no entendimento de conflitos internos. Manter esse hábito não apenas enriquece a experiência do sonho lúcido, mas também transforma o ato de sonhar em uma jornada de aprendizado e exploração contínua, na qual a mente se torna mais receptiva às mensagens que emergem do inconsciente.

Muitas pessoas acreditam que não sonham porque raramente se lembram de algo ao acordar. No entanto, a verdade é que todos sonham várias vezes por noite, especialmente durante o sono REM. O problema não está na ausência de sonhos, mas na dificuldade de capturá-los antes que se dissipem. Assim como um músculo que não é utilizado se enfraquece, a memória dos sonhos pode ser aprimorada com prática e atenção. Quanto mais um indivíduo se habitua a anotar o que recorda, mais detalhes começam a emergir, e a sensação de imersão nos sonhos se intensifica.

O diário de sonhos deve estar sempre ao lado da cama, pronto para ser acessado assim que o sonhador desperta. A primeira regra ao acordar é evitar movimentos bruscos e manter os olhos fechados por alguns instantes, tentando recuperar qualquer fragmento de sonho antes de permitir que a mente se distraia com os estímulos do ambiente. Assim que uma lembrança surge, mesmo que seja vaga ou desconexa, é essencial registrá-la imediatamente. Palavras-chave podem ser anotadas primeiro, para depois expandir os detalhes à medida que a memória se torna mais clara.

A maneira como os sonhos são registrados também faz diferença. Escrever de forma narrativa, descrevendo os eventos como se fossem uma história, ajuda a fortalecer a conexão com o conteúdo onírico. Detalhes como cores, emoções, sensações físicas e diálogos devem ser incluídos sempre que possível. Mesmo sonhos fragmentados ou aparentemente sem sentido devem ser anotados, pois padrões podem emergir com o tempo. Além disso, incluir a data e um título para cada sonho pode facilitar a organização e a análise posterior.

Além da escrita, outras formas de registro podem ser exploradas. Algumas pessoas preferem fazer desenhos dos cenários ou personagens dos sonhos, enquanto outras utilizam gravações de áudio para registrar as lembranças de forma mais rápida antes que se dissipem. O importante é criar um hábito consistente, pois a regularidade no registro fortalece a memória onírica e prepara o caminho para a lucidez.

A análise dos sonhos registrados é outro aspecto essencial da prática. Ao revisar o diário periodicamente, padrões começam a surgir. Certos lugares, pessoas ou temas podem aparecer com frequência, indicando elementos recorrentes da psique do sonhador. Esses padrões são conhecidos como sinais dos sonhos, elementos que podem servir como gatilhos para a lucidez onírica. Quando o sonhador reconhece esses sinais dentro de um sonho, ele tem mais chances de perceber que está sonhando.

Além de identificar padrões, a reflexão sobre os sonhos pode revelar aspectos profundos da mente inconsciente. Emoções reprimidas, preocupações e desejos podem se manifestar simbolicamente nos sonhos, fornecendo material para o autoconhecimento. Algumas pessoas utilizam o diário de sonhos como uma ferramenta de introspecção, buscando conexões entre os temas oníricos e eventos da vida desperta.

A prática do registro dos sonhos também ajuda a tornar os sonhos mais vívidos. Quando a mente percebe que o conteúdo onírico está sendo valorizado, os sonhos tendem a se tornar mais detalhados e envolventes. Sonhadores que mantêm diários relatam um aumento na clareza dos cenários, na profundidade das interações e na intensidade das emoções dentro dos sonhos. Esse aumento na vivacidade facilita a transição para a lucidez, pois quanto mais realista um sonho parece, maior a chance de o sonhador questionar sua natureza.

O diário de sonhos não é apenas um registro passivo, mas uma ferramenta ativa de treinamento para a lucidez onírica. Ele fortalece a memória dos sonhos, revela padrões ocultos, amplia a consciência sobre o mundo onírico e cria uma ponte entre o estado desperto e o estado de sonho. Com o tempo, esse hábito se torna uma parte natural da rotina do sonhador, transformando o ato de dormir em uma experiência mais rica e significativa.

Ao se comprometer com essa prática, o sonhador estabelece um fundamento sólido para as próximas etapas da jornada. Com uma memória onírica mais aguçada e um repertório de sonhos bem documentado, ele estará mais preparado para reconhecer quando está sonhando e, eventualmente, assumir o controle sobre sua experiência dentro do mundo onírico.

Capítulo 15
Melhorando a Lembrança dos Sonhos

A memória dos sonhos é uma habilidade que pode ser treinada e aprimorada com dedicação e método, permitindo ao sonhador acessar com mais clareza suas experiências oníricas e utilizá-las como base para alcançar a lucidez. Embora todos sonhem todas as noites, muitas pessoas têm dificuldade em lembrar dessas vivências porque o cérebro não prioriza automaticamente a retenção das informações oníricas. Assim, para fortalecer essa lembrança, é necessário adotar estratégias que ajudem a capturar e armazenar os sonhos antes que se dissipem. O primeiro e mais importante passo é desenvolver uma intenção clara de recordar os sonhos. Isso pode ser feito por meio da repetição mental antes de dormir, estabelecendo o compromisso de lembrar dos sonhos ao despertar. Esse simples exercício de sugestão direciona o foco da mente para a experiência onírica, aumentando a probabilidade de que os sonhos sejam recuperados com mais facilidade.

A forma como se desperta também influencia diretamente a capacidade de reter as memórias dos sonhos. O ideal é evitar movimentos bruscos ao acordar, pois a transição rápida entre o sono e a vigília pode apagar completamente as lembranças oníricas. Permanecer de olhos fechados por alguns instantes e tentar reviver mentalmente as últimas sensações ou imagens percebidas antes do despertar ajuda a resgatar fragmentos dos sonhos. Se a lembrança parecer vaga, mudar de posição na cama pode estimular diferentes áreas da memória e recuperar detalhes adicionais. Além disso, manter um diário de sonhos ao lado da cama e registrar imediatamente qualquer fragmento recordado fortalece o hábito de dar atenção aos sonhos, treinando a mente a retê-los por mais tempo. Mesmo que no início as anotações sejam apenas palavras soltas ou imagens desconectadas, com o tempo, a memória onírica se expande, permitindo a recordação de sequências mais longas e detalhadas.

Outros fatores também influenciam a capacidade de lembrar dos sonhos, como a qualidade do sono e a alimentação. Dormir tempo suficiente para atingir os estágios mais profundos do sono REM aumenta a intensidade dos sonhos e sua probabilidade de serem lembrados. Ter um horário regular para dormir e acordar contribui para um ciclo de sono estável, o que melhora a retenção da memória onírica. Além disso, certos alimentos, como aqueles ricos em vitamina B6 e triptofano, podem estimular a atividade cerebral durante o sono e potencializar a vivacidade dos sonhos. Associando esses hábitos a uma postura mental atenta e curiosa em relação ao mundo onírico, a lembrança dos sonhos se torna progressivamente mais nítida, proporcionando uma base sólida para alcançar e explorar a lucidez com mais frequência e controle.

O cérebro humano tem a capacidade natural de sonhar todas as noites, mas a lembrança desses eventos depende de fatores específicos. Ao acordar, os sonhos costumam desaparecer rapidamente, muitas vezes em questão de minutos. Isso ocorre porque o cérebro prioriza as informações da vigília, e os sonhos, por serem experiências que não possuem conexão direta com a realidade objetiva, não são armazenados de maneira eficiente na memória de longo prazo. Para contornar essa limitação, algumas estratégias podem ser adotadas para capturar os fragmentos dos sonhos antes que se dissipem.

O primeiro passo para melhorar a lembrança dos sonhos é treinar o despertar de forma consciente. Ao abrir os olhos pela manhã, o ideal é evitar qualquer movimento brusco e permanecer na mesma posição por alguns instantes. Movimentar o corpo rapidamente ou começar a pensar nas tarefas do dia pode interromper o processo de recuperação da memória onírica. Permanecer de olhos fechados e tentar lembrar o que estava acontecendo antes do despertar ajuda a trazer à tona fragmentos dos sonhos. Se nada surgir imediatamente, mudar de posição na cama pode ativar diferentes estados da memória e recuperar lembranças que pareciam perdidas.

Outro fator que influencia a recordação dos sonhos é a duração do sono. O sono REM, onde os sonhos mais vívidos ocorrem, se torna mais frequente nas últimas horas da noite. Por isso, pessoas que dormem pouco ou têm padrões de sono irregulares tendem a lembrar menos dos sonhos. Ter uma rotina de sono estável e garantir um tempo adequado de descanso favorece o aumento da atividade onírica e melhora a capacidade de lembrar os sonhos ao despertar.

A sugestão antes de dormir é uma técnica eficaz para reforçar a memória dos sonhos. Antes de adormecer, repetir mentalmente frases como "vou me lembrar dos meus sonhos ao acordar" ajuda a programar a mente para valorizar as experiências oníricas. A repetição dessas afirmações cria uma intenção clara, aumentando a probabilidade de que o cérebro retenha e recupere as informações dos sonhos ao despertar. Essa técnica é especialmente eficaz quando combinada com um diário de sonhos, pois ao registrar os sonhos regularmente, a mente começa a entender que esse conteúdo é relevante e digno de ser lembrado.

O despertar durante a noite também pode ser uma estratégia útil. Como os sonhos ocorrem em diferentes ciclos ao longo da noite, despertar no momento certo pode facilitar a recordação. Algumas pessoas utilizam despertadores ajustados para horários em que é mais provável que estejam saindo de um período REM, o que aumenta as chances de lembrar dos sonhos antes que sejam apagados pela transição para um estágio mais profundo do sono. Outras preferem acordar naturalmente durante a noite e registrar qualquer fragmento de sonho que venha à mente, mesmo que seja apenas uma sensação ou um breve cenário.

A alimentação e a bioquímica do corpo também desempenham um papel importante na memória dos sonhos. Estudos indicam que a vitamina B6 pode aumentar a vivacidade e a recordação dos sonhos, pois participa da conversão de triptofano em serotonina, um neurotransmissor envolvido na regulação do sono e dos processos cognitivos. Alimentos ricos em triptofano, como banana, nozes e laticínios, podem contribuir para um sono mais profundo e uma melhor memória onírica. No entanto, qualquer alteração na dieta deve ser feita com equilíbrio, pois o excesso de estimulantes ou alimentos muito pesados antes de dormir pode interferir na qualidade do descanso.

Além dessas estratégias, desenvolver uma atitude de curiosidade e atenção aos sonhos faz com que a mente fique mais sensível a eles. Durante o dia, refletir sobre os sonhos passados, imaginar como seriam seus desdobramentos e compartilhar experiências oníricas com outras pessoas reforça a conexão com o mundo dos sonhos. Esse hábito cria um estado mental propício para reconhecer e lembrar dos sonhos com maior facilidade.

A melhora da memória onírica não acontece instantaneamente, mas com paciência e prática, os sonhos começam a se tornar mais acessíveis. No início, pode ser que apenas fragmentos sejam lembrados, mas com o tempo, a recordação se torna mais detalhada e completa. Quando essa habilidade está bem desenvolvida, o próximo passo na jornada onírica se torna mais natural: perceber os padrões recorrentes nos sonhos e utilizar essas informações para atingir a lucidez com mais frequência e controle.

Capítulo 16
Sinais dos Sonhos e Padrões Pessoais

A mente humana é um vasto cenário onde padrões ocultos emergem nos momentos de repouso, revelando aspectos profundos do subconsciente. Dentro do universo dos sonhos, certos elementos se repetem de maneira peculiar, manifestando-se como símbolos recorrentes que, se devidamente reconhecidos, tornam-se chaves para o despertar da consciência onírica. A identificação desses sinais não ocorre de maneira aleatória; pelo contrário, reflete a organização interna das experiências, memórias e emoções de cada indivíduo. Cada pessoa carrega consigo um repertório único de temas que permeiam seus sonhos, funcionando como um reflexo de sua psique e podendo servir como portais para o desenvolvimento da lucidez. Esse processo de percepção e análise dos sonhos não apenas permite um maior domínio sobre as experiências oníricas, mas também possibilita um mergulho profundo na própria essência, favorecendo a autodescoberta e o aprimoramento da consciência.

Dentro dessa dinâmica, a repetição de certos símbolos ou situações nos sonhos não é um fenômeno aleatório, mas sim um mecanismo estruturado pelo inconsciente, que se comunica por meio de imagens e sensações. A mente utiliza padrões familiares para estabelecer uma conexão entre o estado desperto e o mundo onírico, criando um fio condutor que pode ser rastreado pelo sonhador atento. Casas desconhecidas, paisagens recorrentes, figuras misteriosas ou mesmo a experiência de voar são apenas algumas das manifestações que tendem a se repetir nos sonhos, sendo fundamentais para a construção de um sistema de reconhecimento onírico. Ao perceber esses padrões, o indivíduo começa a criar um mapa simbólico da própria mente, identificando os elementos que podem servir como sinais de que está sonhando. Esse mapeamento, quando aliado à prática e ao desenvolvimento de técnicas específicas, torna-se uma ferramenta poderosa para alcançar estados mais profundos de lucidez e controle dentro dos sonhos.

O reconhecimento dos padrões oníricos não apenas aprimora a capacidade de se tornar consciente dentro do sonho, mas também revela aspectos emocionais e psicológicos que muitas vezes permanecem ocultos no estado desperto. Temas recorrentes podem estar ligados a experiências passadas, emoções reprimidas ou mesmo desejos não expressos, funcionando como um espelho simbólico da mente inconsciente. Ao registrar e analisar esses padrões, torna-se possível compreender melhor as dinâmicas internas que influenciam tanto a vida onírica quanto a realidade desperta. O processo de aprendizado e familiarização com os sinais dos sonhos não apenas expande a compreensão sobre o próprio universo interior, mas também abre caminho para experiências oníricas mais vívidas e controladas, permitindo ao sonhador interagir de forma intencional com o mundo dos sonhos e explorar todo o seu potencial.

Cada pessoa possui um repertório único de temas recorrentes em seus sonhos. Alguns podem sonhar frequentemente que estão voando, enquanto outros podem se ver repetidamente dentro de uma casa desconhecida, reencontrando amigos da infância ou enfrentando desafios específicos. Esses elementos podem se manifestar de formas variadas, mas o padrão subjacente se mantém, criando oportunidades para que o sonhador perceba que está em um sonho.

O primeiro passo para utilizar os sinais oníricos a favor da lucidez é identificá-los conscientemente. Manter um diário de sonhos permite que padrões se tornem evidentes ao longo do tempo. Revisando as anotações regularmente, torna-se possível perceber temas recorrentes, símbolos frequentes e situações que surgem repetidamente. Anotar esses sinais de maneira organizada, criando uma lista de possíveis gatilhos para a lucidez, aumenta a chance de reconhecê-los no momento em que ocorrem.

Os sinais dos sonhos podem ser classificados em diferentes categorias. A primeira delas são os sinais pessoais, que incluem elementos diretamente ligados à história e às emoções do sonhador. Pode ser um lugar visitado frequentemente na infância, um objeto significativo ou mesmo uma sensação específica que sempre se manifesta no estado onírico. Esses sinais são os mais poderosos, pois estão profundamente enraizados na psique do indivíduo e têm maior probabilidade de aparecer com frequência.

Outra categoria são os sinais impossíveis, que incluem elementos que não poderiam ocorrer no mundo desperto. Pessoas que já faleceram surgindo no sonho, cenários que desafiam a física, mudanças abruptas no ambiente ou mesmo a presença de habilidades extraordinárias, como levitação e telecinese, são indícios claros de que se trata de um sonho. No entanto, devido à inibição do pensamento crítico durante o sono, o sonhador normalmente aceita essas situações sem questioná-las. Ao treinar a mente para reconhecer essas anomalias, a possibilidade de despertar a lucidez aumenta significativamente.

Há também os sinais sutis, que são mais difíceis de perceber, mas ainda assim indicam que a realidade onírica está em funcionamento. Sensações como dificuldade em correr, mudanças na iluminação do ambiente, palavras que mudam quando relidas e até mesmo a estranha lógica dos diálogos podem ser indicadores valiosos de que algo está fora do comum. Esses detalhes, apesar de discretos, podem servir como pontos de ancoragem para despertar dentro do sonho.

Uma estratégia eficaz para fortalecer o reconhecimento desses sinais é realizar a intenção antes de dormir. Antes de adormecer, o sonhador pode revisar mentalmente os sinais que identificou em seus sonhos anteriores e afirmar que, caso os encontre novamente, saberá que está sonhando. Esse condicionamento mental prepara a mente para reagir com consciência quando esses elementos surgirem no estado onírico.

Além de identificar sinais recorrentes, o desenvolvimento de um estado mental mais questionador durante a vigília pode aumentar a sensibilidade para perceber inconsistências no mundo dos sonhos. Perguntar-se repetidamente ao longo do dia se está sonhando e observar detalhes da realidade desperta ajuda a criar um hábito que pode ser transportado para o estado onírico. Quando essa prática se torna parte do dia a dia, a mente passa a repetir esse questionamento também nos sonhos, facilitando o despertar da lucidez.

Os padrões dos sonhos não apenas auxiliam na indução da lucidez, mas também revelam aspectos profundos da mente inconsciente. Certos temas recorrentes podem estar ligados a emoções não resolvidas, experiências passadas ou desejos reprimidos. Explorar esses padrões de forma consciente pode oferecer insights valiosos sobre a própria psique, permitindo um maior entendimento de si mesmo.

A partir do momento em que o sonhador aprende a reconhecer os sinais dentro do sonho, a jornada para o controle onírico se torna mais fluida e natural. A lucidez passa a ocorrer com mais frequência e consistência, pois a mente já está treinada para identificar os elementos que indicam que se está sonhando. Ao aprimorar essa percepção, o próximo passo será aprender a testar a realidade de forma ativa, consolidando a consciência onírica e preparando-se para interagir com os sonhos de maneira mais intencional.

Capítulo 17
Testes de Realidade

A mente humana opera dentro de um equilíbrio delicado entre a vigília e o sono, processando informações de maneira automática e raramente questionando a realidade. Durante o estado desperto, confia-se plenamente nas percepções sensoriais e na lógica dos eventos cotidianos, sem a necessidade de testes constantes para validar a autenticidade do mundo ao redor. No entanto, dentro dos sonhos, essa confiança cega se mantém, e o sonhador aceita como normal até mesmo as situações mais absurdas. A habilidade de discernir entre realidade e sonho exige o desenvolvimento de um olhar mais crítico e questionador, um hábito que precisa ser cultivado intencionalmente. Esse treinamento mental consiste em desafiar as percepções, incorporando pequenos testes ao longo do dia para criar um reflexo automático que se estenderá para os sonhos. A adoção desse método fortalece a possibilidade de alcançar a lucidez onírica, permitindo ao indivíduo despertar dentro do próprio sonho e interagir conscientemente com ele.

Os testes de realidade funcionam porque exploram as inconsistências inerentes ao mundo dos sonhos. No ambiente onírico, leis naturais como a física, a coerência espacial e a estabilidade visual são frequentemente alteradas sem que o sonhador perceba. Ao introduzir no cotidiano pequenos desafios que questionam essas leis, o cérebro passa a reconhecer de forma mais eficiente as discrepâncias quando elas ocorrem durante o sono. Esse processo se baseia na repetição e no condicionamento: ao realizar testes regularmente ao longo do dia, a mente interioriza o hábito e o transporta para o estado onírico. No entanto, esse treinamento exige mais do que a simples repetição mecânica dos testes; é necessário um estado genuíno de dúvida e observação atenta. O ato de perguntar-se sinceramente "estou sonhando agora?" deve vir acompanhado de um exame detalhado do ambiente e da tentativa real de encontrar anomalias que possam indicar um sonho. Quando esse nível de atenção é atingido, a prática se torna muito mais eficaz e aumenta a frequência dos momentos de lucidez durante os sonhos.

A aplicação sistemática dos testes de realidade permite ao sonhador transformar a própria mente em um instrumento de discernimento. Pequenos detalhes que antes passavam despercebidos começam a se destacar, e a percepção da experiência cotidiana se aprofunda. Esse aumento da consciência não beneficia apenas a lucidez onírica, mas também enriquece a forma como a realidade desperta é vivenciada. Questionar a própria existência e observar minuciosamente os detalhes do mundo ao redor fortalece a capacidade de se manter presente e consciente em todas as situações. Dessa forma, os testes de realidade se tornam não apenas uma ferramenta para o despertar nos sonhos, mas também um exercício poderoso de atenção plena que impacta positivamente a qualidade da percepção diária. À medida que esse hábito se consolida, a barreira entre o estado desperto e o estado onírico se torna mais tênue, e a transição para a lucidez nos sonhos acontece com naturalidade, permitindo uma exploração cada vez mais profunda da mente e do universo onírico.

Os testes de realidade são técnicas simples, mas extremamente eficazes. Eles consistem em pequenos experimentos que desafiam as regras do mundo desperto e que, quando aplicados dentro de um sonho, revelam sua verdadeira natureza. O segredo está na repetição constante desses testes durante o dia, para que o hábito se transfira automaticamente para o estado onírico. Quanto mais o sonhador treina essa prática, maior a chance de realizá-la dentro do sonho e perceber que está sonhando.

Um dos testes mais conhecidos envolve contar os dedos da mão. No mundo real, os dedos permanecem fixos, mas dentro de um sonho, eles frequentemente aparecem distorcidos, com números alterados ou formas estranhas. Outro teste consiste em olhar para um relógio digital ou um texto escrito, desviar o olhar e depois olhar novamente. No sonho, os números e letras costumam mudar de maneira ilógica ou embaralhada. Da mesma forma, tentar atravessar a palma da mão com um dedo pode ser eficaz, pois no sonho essa ação pode ser possível, revelando a natureza onírica da experiência.

Outra estratégia poderosa é o teste da respiração. Se o sonhador segurar o nariz com os dedos e tentar respirar, no mundo desperto o ar não passará, mas dentro do sonho, muitas vezes é possível continuar respirando normalmente. Essa anomalia serve como um sinal claro de que se está em um sonho.

Além dos testes diretos, a atenção plena na vida desperta ajuda a aumentar a sensibilidade para detalhes incomuns. Muitas vezes, o que impede a lucidez nos sonhos é o fato de que as pessoas passam seus dias no piloto automático, sem realmente observar o mundo ao seu redor. Ao cultivar a consciência plena, questionando o ambiente e prestando atenção aos detalhes, o sonhador desenvolve um olhar mais crítico que pode ser levado para o estado onírico.

Criar lembretes ao longo do dia para realizar testes de realidade pode ajudar a estabelecer esse hábito. Definir momentos específicos, como ao olhar no espelho, ao atravessar uma porta ou ao ouvir um som específico, pode condicionar a mente a associar esses momentos à verificação da realidade. Outra abordagem é usar um acessório, como um anel ou pulseira, que sirva como um lembrete para testar se está sonhando.

A chave para que esses testes funcionem está na seriedade com que são realizados. Muitas pessoas realizam os testes de forma automática, sem realmente questionar a realidade, o que reduz sua eficácia dentro do sonho. Para que o teste tenha efeito, é necessário duvidar genuinamente do próprio estado, perguntando-se de maneira honesta: "Estou sonhando agora?". Esse pequeno ato de dúvida abre a possibilidade de que, dentro do sonho, a mesma pergunta surja, levando à lucidez.

Outro ponto importante é realizar mais de um teste sempre que houver suspeita de que se está sonhando. Algumas vezes, um único teste pode falhar, especialmente se o sonhador estiver muito imerso na narrativa do sonho. Por isso, ao realizar um teste, é recomendável combiná-lo com outro, garantindo uma confirmação mais sólida da realidade.

Com a prática regular dos testes de realidade e da atenção plena no dia a dia, o reconhecimento do estado onírico se torna cada vez mais natural. A mente começa a questionar a própria existência de maneira espontânea, e o momento da lucidez surge com maior frequência. Esse treinamento cria as bases para um controle mais refinado dos sonhos, permitindo ao sonhador não apenas perceber que está sonhando, mas também interagir conscientemente com a experiência. Com esse hábito bem estabelecido, o próximo passo será explorar formas de direcionar os sonhos para objetivos específicos, aprofundando ainda mais o domínio sobre o mundo onírico.

Capítulo 18
Incubação e Intenção de Sonhos

A mente humana possui uma impressionante capacidade de direcionar suas experiências oníricas por meio da intenção e do foco consciente. Durante o estado desperto, pensamentos e emoções moldam percepções e influenciam a forma como o cérebro processa a realidade. Esse mesmo princípio se aplica ao mundo dos sonhos, onde sugestões e desejos formulados antes do sono podem afetar significativamente o conteúdo onírico. A incubação de sonhos é um método que utiliza essa característica natural da mente para orientar as experiências noturnas, permitindo ao sonhador estabelecer propósitos específicos para seus sonhos. Seja para alcançar lucidez, explorar determinados cenários ou encontrar respostas para questões pessoais, a incubação possibilita um grau mais elevado de interação com o próprio subconsciente. Essa prática transforma o ato de sonhar em algo deliberado e direcionado, estreitando o vínculo entre consciência e mundo onírico.

O processo de incubação começa no período que antecede o sono, momento em que a mente entra em um estado de receptividade acentuada. A transição entre vigília e sono permite que ideias e intenções se infiltrem mais facilmente no subconsciente, influenciando a construção dos sonhos. Para que a técnica funcione com eficácia, é essencial definir um objetivo claro. O sonhador pode visualizar detalhadamente o que deseja experimentar, repetindo mentalmente frases afirmativas que reforcem sua intenção. Por exemplo, se o objetivo for perceber que está sonhando, uma sugestão eficaz pode ser: "Hoje à noite, reconhecerei que estou dentro de um sonho." Esse tipo de afirmação programada direciona a atenção do subconsciente para identificar elementos que sinalizem a natureza onírica da experiência. Além disso, a repetição consistente dessa prática fortalece a conexão entre desejo e manifestação, tornando mais provável que o sonhador alcance seu objetivo ao adormecer.

Além da formulação mental da intenção, alguns estímulos físicos podem potencializar os efeitos da incubação. Escrever a intenção em um caderno ou colocar objetos simbólicos próximos ao local de descanso reforça a associação entre o mundo desperto e o sonho. Manter um diário de sonhos também auxilia na identificação de padrões recorrentes e no aprimoramento da técnica, permitindo ajustes ao longo do tempo. Quanto mais familiarizado o sonhador estiver com os próprios temas oníricos, mais efetiva será a incubação. Essa prática não apenas aumenta a incidência de sonhos lúcidos, mas também serve como um meio poderoso de exploração da mente subconsciente. Com dedicação e paciência, a capacidade de influenciar os próprios sonhos se torna uma ferramenta valiosa tanto para o autoconhecimento quanto para a criatividade e o desenvolvimento pessoal.

A incubação começa antes mesmo de dormir, pois é durante a transição entre a vigília e o sono que a mente se torna mais receptiva às sugestões. A chave para um bom resultado está na formulação de um propósito claro. Em vez de simplesmente esperar que um tema apareça no sonho, o sonhador precisa estabelecer uma intenção firme e específica. Isso pode ser feito repetindo mentalmente uma frase, visualizando uma cena ou escrevendo um pequeno roteiro para o sonho desejado. Por exemplo, se o objetivo é reconhecer que está sonhando, a sugestão pode ser algo como "esta noite, perceberei que estou sonhando". Se a intenção for encontrar uma pessoa ou um lugar, pode-se visualizar essa experiência repetidamente antes de adormecer.

O uso de lembretes físicos também pode reforçar a incubação. Anotar o desejo em um papel e lê-lo algumas vezes antes de dormir, ou até mesmo desenhar um símbolo que represente a intenção, ajuda a fixar a ideia no subconsciente. Algumas pessoas preferem colocar objetos relacionados ao tema do sonho próximo à cama, criando uma associação entre o ambiente desperto e o mundo onírico. Pequenos rituais como esses fortalecem a conexão entre a consciência diurna e o estado de sonho.

A repetição é um fator crucial para o sucesso da incubação. Quanto mais o sonhador reforça a intenção, maiores são as chances de que o cérebro processe essa informação durante o sono. No entanto, é importante encontrar um equilíbrio entre determinação e relaxamento. A expectativa excessiva pode gerar ansiedade, dificultando o processo natural do sono. O ideal é estabelecer a intenção de maneira firme, mas sem se apegar rigidamente ao resultado, permitindo que o subconsciente atue livremente.

Além do conteúdo do sonho, a incubação também pode ser usada para facilitar a lucidez. Uma abordagem eficaz é vincular um sinal do sonho identificado anteriormente a um lembrete para questionar a realidade. Se um sonhador frequentemente vê água nos sonhos, por exemplo, pode programar a mente para que, sempre que encontrar água, faça um teste de realidade. Essa conexão consciente-inconsciente cria um gatilho que pode levar à lucidez espontânea.

A eficácia da incubação varia de pessoa para pessoa, mas a prática contínua aumenta sua precisão. Mesmo que os primeiros resultados não sejam exatos, qualquer aproximação ao tema desejado já indica que a mente está respondendo ao processo. Revisar o diário de sonhos pode ajudar a ajustar a abordagem, identificando padrões e refinando as sugestões até que se tornem mais eficazes.

A incubação também pode ser utilizada para resolver problemas ou buscar insights criativos. Muitas descobertas e invenções foram inspiradas por sonhos, e a mente, quando direcionada corretamente, pode encontrar soluções inesperadas para desafios do dia a dia. Ao definir uma intenção antes de dormir, como encontrar uma resposta para uma dúvida ou visualizar um projeto sob uma nova perspectiva, o sonhador pode despertar com ideias frescas e insights valiosos.

Essa técnica não se limita a questões práticas, podendo ser aplicada para autoconhecimento e crescimento pessoal. Perguntas como "o que eu preciso entender sobre mim mesmo?" ou "qual é a próxima etapa do meu desenvolvimento?" podem ser formuladas antes de dormir, permitindo que o subconsciente traga mensagens simbólicas e significativas. Essas respostas podem não ser óbvias à primeira vista, mas, ao analisar os sonhos com atenção, padrões e significados começam a emergir.

A incubação de sonhos, quando combinada com outras práticas, como o diário de sonhos e os testes de realidade, fortalece a conexão entre a consciência desperta e a consciência onírica. Quanto mais o sonhador aprende a influenciar seus sonhos de forma deliberada, mais naturalmente a lucidez se tornará parte da experiência onírica. Aos poucos, o controle sobre os sonhos deixa de ser algo esporádico para se tornar uma habilidade refinada, que pode ser aplicada não apenas para explorar mundos imaginários, mas também para aprofundar a jornada de autoconhecimento e criatividade.

Capítulo 19
Indução Mnemônica do Sonho Lúcido

A mente humana possui uma notável capacidade de estabelecer conexões entre intenção e memória, permitindo que certas informações sejam lembradas no momento exato em que são necessárias. Esse princípio, conhecido como memória prospectiva, é fundamental para a indução mnemônica de sonhos lúcidos. Através da programação mental deliberada, é possível condicionar o cérebro a reconhecer o estado onírico enquanto o sonho acontece, favorecendo a lucidez. Essa abordagem aproveita a habilidade natural da mente de reter e recuperar informações importantes, fortalecendo o vínculo entre o estado desperto e o universo dos sonhos. Quando aplicada corretamente, essa técnica não apenas aumenta a incidência de sonhos lúcidos, mas também aprimora a recordação e a compreensão da própria experiência onírica.

Para que a indução mnemônica seja eficaz, é necessário criar uma forte intenção antes de dormir. A mente precisa ser treinada para identificar elementos recorrentes nos sonhos e, no momento apropriado, ativar a consciência dentro do estado onírico. O método consiste em reforçar essa intenção por meio da repetição mental e da visualização. O sonhador deve formular frases diretas e afirmativas, como "na próxima vez que eu estiver sonhando, perceberei que estou em um sonho", concentrando-se nesse pensamento com convicção. Além disso, visualizar a si mesmo dentro de um sonho anterior, notando algo estranho e tornando-se lúcido, fortalece ainda mais essa associação mental. Esse tipo de prática cria um reflexo interno que pode ser acionado no momento certo, levando ao despertar da consciência dentro do sonho.

A repetição consistente desse método, especialmente após despertares breves durante a noite, amplia significativamente sua eficácia. Como os períodos de sono REM, nos quais ocorrem os sonhos mais vívidos, tendem a se intensificar nas últimas horas do descanso, a prática da indução mnemônica ao voltar a dormir fortalece a ligação entre intenção e experiência onírica. A paciência e a regularidade são essenciais para consolidar essa habilidade, tornando os sonhos lúcidos mais frequentes e naturais. Com o tempo, a mente se torna cada vez mais responsiva a esse processo, permitindo ao sonhador atingir um nível mais profundo de controle sobre suas experiências noturnas. Essa técnica, quando aplicada de forma contínua, não apenas facilita o despertar dentro dos sonhos, mas também amplia a compreensão da relação entre consciência e mundo onírico, abrindo caminho para práticas ainda mais avançadas de exploração da mente.

Essa técnica funciona melhor quando aplicada logo após um despertar, seja no meio da noite ou pela manhã, antes de voltar a dormir. O primeiro passo é relembrar o sonho mais recente, revivendo-o mentalmente com o máximo de detalhes possível. Esse processo fortalece a memória onírica e cria um elo entre a consciência desperta e o estado onírico. Se o sonho contiver algum sinal característico que poderia indicar que se tratava de um sonho, é ainda melhor. Identificar esses elementos ajuda a reforçar a percepção crítica dentro dos próximos sonhos.

Após relembrar o sonho, o próximo passo é definir uma intenção clara. O sonhador deve repetir mentalmente uma frase como: "Na próxima vez que eu estiver sonhando, vou me lembrar de que estou sonhando." A repetição dessa afirmação não deve ser feita de maneira automática, mas sim com plena convicção, sentindo o significado por trás das palavras. Quanto mais forte for a intenção, maior a probabilidade de que ela se manifeste no momento certo.

Além da repetição mental, é útil visualizar o momento exato em que se tornará lúcido. O sonhador pode imaginar-se dentro do sonho anterior, reconhecendo um detalhe estranho e percebendo que está sonhando. Essa visualização reforça a conexão entre a intenção e a experiência onírica real, treinando a mente para reagir da maneira desejada quando o sonho ocorrer novamente. Esse processo deve ser repetido algumas vezes até que a sensação de expectativa fique bem estabelecida.

Outro aspecto importante da técnica MILD é manter a atenção focada nessa intenção até adormecer. Muitas vezes, o que impede a lucidez é o fato de que a mente se dispersa rapidamente para outros pensamentos antes de dormir. Permanecer focado no propósito de se lembrar do sonho e reforçar a intenção lúcida ao adormecer aumenta significativamente a eficácia da técnica. Caso surjam distrações, basta retornar à repetição mental e à visualização, mantendo-se engajado no processo.

A técnica MILD se torna ainda mais eficaz quando combinada com despertares programados durante a noite. Como a maioria dos sonhos lúcidos ocorre nas últimas fases do sono REM, acordar algumas horas antes do horário normal e aplicar a técnica antes de voltar a dormir pode aumentar significativamente as chances de sucesso. Esse método potencializa a intenção, pois o cérebro já está em um estado propício para continuar processando as sugestões implantadas antes do sono.

A paciência e a persistência são fatores essenciais para o sucesso dessa prática. Algumas pessoas conseguem resultados rapidamente, enquanto outras precisam de várias tentativas antes de obter um sonho lúcido. O importante é não desistir caso os primeiros experimentos não resultem em lucidez imediata. A repetição consistente fortalece gradualmente a resposta da mente, tornando o despertar dentro do sonho cada vez mais natural.

A aplicação dessa técnica não apenas aumenta a frequência dos sonhos lúcidos, mas também melhora a recordação dos sonhos e a conexão com o mundo onírico. O hábito de reforçar intenções antes de dormir torna o sonhador mais consciente de sua própria mente, ajudando a integrar a experiência dos sonhos à vida desperta. À medida que a prática se torna parte da rotina, os sonhos lúcidos deixam de ser eventos ocasionais e passam a ocorrer com mais regularidade.

    Ao dominar essa abordagem, o sonhador se aproxima de um estado de controle mais refinado sobre sua experiência onírica. A partir desse ponto, torna-se possível explorar técnicas ainda mais avançadas, potencializando a capacidade de entrar diretamente em sonhos lúcidos e prolongar a duração dessas experiências. A prática constante dessa técnica se traduz em um progresso gradual e contínuo, consolidando a habilidade de despertar conscientemente dentro dos sonhos de maneira confiável e consistente.

Capítulo 20
Técnica WBTB

A arquitetura do sono humano segue padrões bem definidos, nos quais a fase REM, responsável pelos sonhos mais intensos e vívidos, se torna progressivamente mais extensa à medida que a noite avança. Esse conhecimento permite que técnicas específicas sejam aplicadas para otimizar a ocorrência de sonhos lúcidos, tornando o despertar consciente dentro do sonho uma experiência mais previsível e controlável. A técnica WBTB (Wake Back to Bed) baseia-se na ideia de interromper temporariamente o sono e retornar a ele no momento mais propício para a lucidez, aproveitando o fato de que, após um despertar breve, a mente tende a manter um nível de atividade mais elevado ao reentrar no estado onírico. Esse método, quando aplicado corretamente, aumenta significativamente as chances de perceber que se está sonhando, proporcionando um maior nível de controle e clareza dentro do sonho.

O primeiro passo para a aplicação eficiente dessa técnica é o planejamento do momento exato do despertar. Como o ciclo do sono ocorre em fases de aproximadamente 90 minutos, a escolha do horário ideal deve levar em conta a progressão natural dos períodos

REM. Em média, recomenda-se interromper o sono entre quatro e seis horas após adormecer, pois é nesse intervalo que os sonhos se tornam mais longos e frequentes. Ao acordar, o sonhador deve evitar movimentos bruscos, permanecendo em um estado de calma e introspecção. A recordação do sonho anterior pode ser um grande facilitador para a lucidez, pois revisitar mentalmente a experiência recente reforça o vínculo entre o estado desperto e o onírico. Nesse momento, a mente está particularmente receptiva à sugestão, tornando a repetição de afirmações como "da próxima vez que eu sonhar, saberei que estou sonhando" uma estratégia altamente eficaz.

A eficácia dessa técnica pode ser ampliada ajustando o tempo de vigília antes de voltar a dormir. Um intervalo entre 5 e 30 minutos costuma ser suficiente para manter a mente ativa sem comprometer o retorno ao sono. Durante esse período, atividades leves como reler anotações de sonhos anteriores, praticar meditação ou simplesmente refletir sobre o objetivo de alcançar a lucidez ajudam a reforçar a intenção. No entanto, é essencial encontrar um equilíbrio: se o tempo acordado for muito curto, a mente pode não estar suficientemente preparada para a lucidez; se for excessivo, pode ser difícil retomar o sono e acessar a fase REM de forma eficaz. A prática contínua permite que o sonhador descubra a duração ideal para seu próprio ritmo biológico, ajustando a técnica de maneira personalizada. Com a aplicação consistente desse método, os sonhos lúcidos tornam-se mais frequentes, proporcionando não apenas um maior domínio sobre a experiência onírica, mas também uma compreensão mais profunda da interligação entre consciência e mundo dos sonhos.

O primeiro passo para aplicar essa técnica é determinar um horário adequado para o despertar. Como os ciclos de sono duram aproximadamente 90 minutos, um bom ponto de partida é programar um alarme para tocar entre quatro e seis horas após adormecer. Esse intervalo é ideal porque interrompe o sono durante uma fase em que os sonhos já estão mais frequentes e longos, mas ainda permite voltar a dormir sem comprometer o descanso.

Ao despertar, é essencial não se mover bruscamente ou sair da cama de forma abrupta. Manter-se em um estado de calma ajuda a preservar o resquício do sonho anterior, facilitando a transição de volta ao sono REM. Nesse momento, o sonhador pode revisar o sonho mais recente e reforçar a intenção de se tornar lúcido ao voltar a dormir. A repetição mental de frases como "da próxima vez que eu sonhar, perceberei que estou sonhando" é uma maneira eficaz de programar a mente para a lucidez.

Ficar acordado por um curto período antes de voltar a dormir pode fazer uma grande diferença no sucesso da técnica. O tempo ideal varia entre 5 e 30 minutos, dependendo da pessoa. Durante esse intervalo, algumas atividades leves podem ajudar a manter a mente engajada sem despertá-la completamente. Ler sobre sonhos lúcidos, revisar um diário de sonhos ou até mesmo praticar uma meditação breve são estratégias úteis para direcionar o foco para o objetivo de ter um sonho lúcido.

No entanto, é fundamental encontrar um equilíbrio. Se o tempo acordado for muito curto, a mente pode não estar suficientemente alerta para reter a intenção de lucidez. Se for muito longo, pode ser difícil voltar a dormir, comprometendo a qualidade do descanso. A melhor abordagem é testar diferentes durações e observar qual funciona melhor para cada caso.

Ao retornar à cama, é essencial manter uma atitude relaxada e permitir que o sono ocorra naturalmente. Algumas pessoas se beneficiam da prática de visualizações, recriando mentalmente o cenário do sonho anterior e se imaginando tornando-se lúcido dentro dele. Esse processo fortalece a conexão entre a consciência e o estado onírico, tornando mais provável o despertar dentro do sonho.

A eficácia dessa técnica está na combinação entre um despertar controlado e um retorno ao sono estratégico. Esse método aumenta a probabilidade de entrar diretamente no sono REM com a mente ainda ativa, criando uma oportunidade ideal para a lucidez. Muitos praticantes relatam que os sonhos lúcidos obtidos dessa forma tendem a ser mais vívidos e duradouros, pois ocorrem em um estágio do sono onde a atividade cerebral já está próxima à da vigília.

Uma das vantagens da técnica WBTB é que ela pode ser combinada com outras abordagens para potencializar os resultados. A indução mnemônica do sonho lúcido, por exemplo, pode ser reforçada durante o período acordado, intensificando a intenção de reconhecer o sonho. Da mesma forma, a prática de testes de realidade logo ao despertar pode ajudar a condicionar a mente a questionar o estado onírico ao longo da noite.

A paciência é um elemento chave para o sucesso dessa técnica. Algumas pessoas podem precisar de várias tentativas antes de encontrar o melhor equilíbrio entre o tempo de vigília e a facilidade de voltar a dormir. O importante é ajustar gradualmente o processo até que ele se torne natural.

Quando bem aplicada, essa abordagem se torna uma ferramenta poderosa para qualquer praticante de sonhos lúcidos. A técnica WBTB não apenas aumenta a frequência da lucidez, mas também melhora a qualidade da experiência, permitindo que o sonhador explore o mundo onírico com mais clareza e estabilidade. Ao integrá-la à rotina de práticas, o domínio dos sonhos se torna cada vez mais acessível, transformando as noites em oportunidades de descoberta e experimentação consciente.

Capítulo 21
Indução com Despertar Consciente

A transição consciente do estado desperto para o mundo dos sonhos representa um fenômeno singular na exploração da consciência, permitindo que o indivíduo ultrapasse os limites entre realidade e imaginação sem perder a lucidez. Essa jornada começa com um entendimento profundo dos mecanismos do sono e da maneira como a mente pode ser treinada para permanecer alerta enquanto o corpo relaxa completamente. Diferente dos sonhos lúcidos espontâneos, nos quais a percepção da experiência onírica acontece de forma tardia, essa técnica visa conduzir o sonhador diretamente para o universo onírico com pleno controle desde o início. Ao dominar essa habilidade, é possível acessar um estado em que a mente se torna arquiteta da própria narrativa dos sonhos, moldando cenários, interagindo conscientemente com personagens e até explorando possibilidades impossíveis no mundo físico. O êxito dessa prática depende de um equilíbrio delicado entre relaxamento e atenção, exigindo que o praticante compreenda os sinais sutis que indicam a transição para o sono, sem sucumbir ao esquecimento da vigília.

O caminho para essa transição começa com o domínio do relaxamento profundo, uma condição essencial para permitir que o corpo adormeça sem que a mente se desligue completamente. Criar um ambiente propício é um dos primeiros passos: um local tranquilo, escuro e livre de distrações sonoras ou visuais facilita a indução desse estado. Ajustar a postura corporal também se torna um fator determinante, uma vez que posições desconfortáveis podem levar a interrupções do processo. Além do ambiente físico, a preparação mental desempenha um papel fundamental. Técnicas de respiração controlada, meditação guiada e visualizações são estratégias eficazes para reduzir a agitação mental e facilitar a entrada no estado de transição. Quanto mais familiarizado o praticante estiver com essas técnicas, maior será sua capacidade de sustentar a consciência no limiar entre a vigília e o sono, evitando tanto o despertar prematuro quanto a perda total da lucidez.

À medida que o corpo se entrega ao sono, diversas sensações peculiares podem surgir, servindo como indicativos de que a transição está em curso. Fenômenos hipnagógicos, como imagens abstratas, sons desconexos e sensações de flutuação, tornam-se mais perceptíveis nessa fase. Em vez de resistir a essas manifestações, a chave para a continuidade do processo está na aceitação passiva, permitindo que a mente observe esses eventos sem se prender a eles. É nesse ponto que o sonhador pode experimentar a paralisia do sono, uma condição natural na qual o corpo permanece imóvel enquanto a mente ainda está desperta. Longe de ser um obstáculo, esse estado pode se tornar uma porta de entrada para o sonho lúcido, desde que o praticante compreenda sua natureza e aprenda a utilizá-lo a seu favor. Com paciência e prática, a travessia consciente para o mundo onírico se torna uma habilidade refinada, proporcionando não apenas experiências fascinantes, mas também um maior autoconhecimento sobre os estados de consciência e a maleabilidade da mente humana.

O processo começa com o relaxamento profundo. A posição ideal para adormecer varia de pessoa para pessoa, mas em geral recomenda-se uma postura confortável que evite tensões musculares. O ambiente deve estar silencioso, escuro e livre de distrações. Como essa técnica exige um nível elevado de atenção, costuma ser mais eficaz quando combinada com um despertar programado, aplicando-a logo após um período de sono, quando o corpo está naturalmente predisposto a retornar rapidamente ao estado REM.

A transição da vigília para o sonho pode ser desafiadora porque o corpo precisa entrar no sono sem que a mente perca sua clareza. Para facilitar essa passagem, é útil focar a atenção em um único ponto, como a respiração ou a repetição mental de uma frase curta. Algumas pessoas preferem contar lentamente, enquanto outras se concentram nas sensações corporais, observando a leveza dos membros ou a mudança no padrão da respiração à medida que o sono se aproxima.

Durante essa fase inicial, é comum experimentar fenômenos hipnagógicos, que são imagens, sons ou sensações corporais que surgem espontaneamente na transição entre o estado desperto e o sono. Essas manifestações podem incluir flashes de luz, vozes distantes, impressões táteis como flutuação ou formigamento, e até mesmo ilusões auditivas, como músicas ou ruídos sem origem aparente. Em vez de reagir a essas sensações, o sonhador deve apenas observá-las passivamente, permitindo que se desenvolvam sem se prender a nenhuma delas.

Se o processo for bem conduzido, essas percepções se intensificam até que um cenário onírico comece a se formar. O segredo está em permitir que essa construção aconteça naturalmente, sem tentar apressá-la. Quando o sonho começa a ganhar forma, a transição final ocorre ao entrar nesse ambiente com plena consciência. Algumas estratégias para facilitar essa entrada incluem visualizar um cenário específico e se imaginar caminhando por ele, ou simplesmente deixar-se "afundar" no fluxo das imagens hipnagógicas até que a separação entre o estado desperto e o sonho desapareça.

Um dos principais desafios dessa técnica é evitar que a excitação mental desperte o corpo antes que o sonho esteja totalmente formado. Pensamentos ansiosos ou tentativas de apressar o processo podem ativar a consciência a ponto de impedir a entrada no sono. Da mesma forma, há o risco de perder o foco e simplesmente adormecer sem manter a lucidez. Encontrar o equilíbrio entre relaxamento e vigilância é a chave para que o método funcione.

Outro obstáculo comum é a paralisia do sono, que pode ocorrer durante essa transição. Esse estado, no qual a mente desperta percebe que o corpo já entrou em atonia muscular, pode ser desconfortável para quem não está preparado. Sensações como pressão no peito, incapacidade de se mover e até mesmo alucinações auditivas ou visuais podem surgir. No entanto, entender que a paralisia do sono é um fenômeno natural e inofensivo permite que o sonhador a utilize como um trampolim para entrar diretamente em um sonho lúcido, relaxando e permitindo que o estado de sonho se desenvolva.

A prática consistente dessa técnica melhora progressivamente os resultados. No início, pode levar tempo para encontrar o nível ideal de relaxamento e foco, mas com a experiência, o processo se torna mais fluido. Algumas variações podem ser testadas, como deitar-se em uma posição diferente da habitual para evitar que o corpo adormeça rápido demais, ou ajustar o tempo de vigília antes de aplicá-la para maximizar a chance de sucesso.

Ao dominar essa abordagem, o sonhador adquire um nível de controle sem precedentes sobre sua experiência onírica. Diferente das técnicas que dependem de reconhecer sinais dentro do sonho, essa permite que a consciência esteja presente desde o início, garantindo uma maior estabilidade e prolongamento da experiência. Essa capacidade de navegar entre os estados de consciência fortalece não apenas a prática dos sonhos lúcidos, mas também a percepção da própria mente, criando uma conexão mais profunda entre a vigília e o universo dos sonhos.

Capítulo 22
Outras Técnicas e Ferramentas de Indução

A busca pelo sonho lúcido pode ser aprimorada através de diversas abordagens que vão além das técnicas convencionais, permitindo que cada indivíduo encontre o método mais adequado ao seu perfil e às suas particularidades cognitivas. A mente humana é extremamente adaptável, e diferentes estímulos podem ser utilizados para facilitar a transição para estados de consciência ampliada dentro do sonho. Isso significa que explorar um leque variado de estratégias, desde ajustes sutis na rotina até o uso de tecnologia e suplementos, pode maximizar as chances de alcançar a lucidez durante o sono. A personalização dessas técnicas, levando em consideração fatores como o ciclo do sono, o nível de suscetibilidade à sugestão e até a dieta, torna-se um diferencial para quem deseja aprofundar-se no universo dos sonhos lúcidos com mais consistência. O grande desafio está em compreender que não existe uma única fórmula universal: enquanto algumas pessoas encontram sucesso por meio da simples mudança de hábitos, outras necessitam de estímulos adicionais para condicionar a mente a reconhecer quando está sonhando.

Entre as diversas estratégias alternativas, a incorporação de gatilhos sensoriais durante o sono se destaca como um método eficaz para estimular a autoconsciência dentro do sonho. Dispositivos como máscaras de indução, que emitem sinais luminosos sutis durante a fase REM, e aplicativos que reproduzem frases sugestivas ao longo da noite podem atuar como pontos de ancoragem para despertar a lucidez sem interromper o descanso. Além disso, determinadas práticas meditativas e de relaxamento profundo ajudam a fortalecer a conexão entre o estado desperto e o onírico, permitindo que a mente transite entre esses dois mundos com mais facilidade. O treinamento da percepção, através de testes de realidade frequentes durante o dia, também pode aumentar significativamente as chances de identificar incongruências no ambiente do sonho e, consequentemente, ativar a consciência dentro dele. Pequenos ajustes, como a criação de um diário de sonhos detalhado e o uso de lembretes visuais no cotidiano, reforçam o hábito de questionar a própria realidade, tornando essa prática um reflexo automático que se manifesta no estado onírico.

Além das ferramentas tecnológicas e dos exercícios mentais, há também o fator bioquímico que pode ser explorado para potencializar a experiência dos sonhos lúcidos. Certos alimentos e suplementos naturais, como a galantamina e a vitamina B6, demonstram influência direta sobre a qualidade e a intensidade dos sonhos, tornando-os mais vívidos e memoráveis. Algumas substâncias atuam na regulação dos neurotransmissores envolvidos no sono REM, prolongando esse estágio e aumentando as chances de lucidez. No entanto, o uso de qualquer substância requer moderação e compreensão dos seus efeitos no organismo, já que a resposta pode variar de pessoa para pessoa. Por isso, o verdadeiro diferencial no aprimoramento da consciência onírica está na combinação inteligente de diferentes estratégias, ajustadas conforme as reações e os resultados obtidos. A experimentação cuidadosa e a observação sistemática são essenciais para identificar os métodos mais eficazes, permitindo que cada sonhador desenvolva um conjunto de ferramentas personalizadas para explorar o vasto e intrigante mundo dos sonhos lúcidos.

Uma técnica interessante é a chamada Falsa Despertada (DEILD), baseada no fenômeno comum de sonhar que se está acordando no próprio quarto, acreditando que retornou à vigília quando, na verdade, ainda está dormindo. Muitas vezes, as pessoas têm múltiplos despertares falsos em uma mesma noite, mas acabam aceitando a ilusão sem questioná-la. Para aproveitar esse mecanismo natural, a ideia é permanecer imóvel ao acordar, mantendo os olhos fechados e evitando qualquer movimento. Se o despertar for um sonho dentro de outro sonho, essa imobilidade permite que o sonhador deslize diretamente para um novo estado onírico com plena consciência. Mesmo quando o despertar for real, adotar essa estratégia pode facilitar a entrada em um novo sonho lúcido logo em seguida.

Outro método eficiente é a Técnica do Dedo (FILD), que consiste em enganar o corpo para adormecer enquanto a mente permanece alerta. A prática envolve deitar-se confortavelmente e, ao começar a relaxar, mover levemente dois dedos – geralmente o indicador e o médio – como se estivesse tocando teclas de um piano de maneira extremamente sutil. Esse movimento deve ser repetido ritmicamente, mas sem esforço, apenas para manter um mínimo de atividade mental. Se for bem executada, essa técnica permite a transição direta para o sonho lúcido sem que o praticante perceba o momento exato em que adormeceu.

Outro método interessante é o Ajuste de Ciclo (CAT), que altera deliberadamente o horário de despertar em dias alternados para treinar o cérebro a ficar mais consciente em determinados momentos do sono. Durante uma ou duas semanas, a pessoa se acostuma a acordar 90 minutos antes do horário normal, criando uma expectativa inconsciente de alerta nesse período. Após essa fase de adaptação, a técnica passa a ser aplicada apenas em dias específicos, deixando os outros dias sem despertar precoce. O cérebro, condicionado à antecipação da vigília, pode disparar estados de lucidez nos dias em que o despertador não toca, aumentando a frequência de sonhos lúcidos sem grande esforço.

Além das técnicas comportamentais, algumas substâncias naturais e suplementos podem influenciar a qualidade dos sonhos e a propensão à lucidez. A vitamina B6, por exemplo, está associada a sonhos mais vívidos e detalhados, especialmente quando consumida algumas horas antes de dormir. Estudos sugerem que essa vitamina pode aumentar a recordação dos sonhos e intensificar suas cores e narrativas, tornando-os mais fáceis de reconhecer como sonhos. No entanto, doses elevadas devem ser usadas com cautela, pois o excesso pode causar efeitos colaterais, como formigamento nos membros.

Outro suplemento amplamente utilizado é a galantamina, uma substância que modula neurotransmissores envolvidos na memória e no aprendizado. Essa substância demonstrou potencial para induzir sonhos lúcidos quando tomada durante a noite, geralmente em combinação com a técnica de acordar e voltar para a cama. Por aumentar a atividade cerebral durante o sono REM, seu efeito pode resultar em sonhos extremamente vívidos e realistas, embora algumas pessoas relatem que pode causar um leve desconforto ou despertar precoce. Como qualquer substância que afeta a atividade cerebral, o uso deve ser feito com moderação e responsabilidade.

A tecnologia também tem avançado para auxiliar os sonhadores lúcidos, oferecendo dispositivos projetados para detectar quando a pessoa está em sono REM e emitir estímulos sutis que ajudam a despertar a consciência dentro do sonho. Máscaras de sono equipadas com sensores de movimento ocular podem piscar luzes suaves ou emitir sons específicos no momento exato em que o sonho ocorre. O princípio é simples: o cérebro incorpora esses estímulos ao sonho, permitindo que o sonhador perceba a interferência externa e se torne lúcido. Aplicativos de celular com alarmes inteligentes e gravações de sugestões subliminares também são alternativas populares, ajudando a condicionar a mente para reconhecer quando está sonhando.

A escolha da técnica ideal varia de pessoa para pessoa. Algumas abordagens funcionam melhor para certos indivíduos, enquanto outras exigem ajustes ou combinações para atingir resultados satisfatórios. O mais importante é experimentar diferentes métodos e observar quais são mais eficazes para o próprio padrão de sono e de sonhos. Manter um diário de sonhos para registrar os progressos e ajustar estratégias conforme necessário pode acelerar significativamente a jornada rumo ao domínio da consciência onírica.

Ao expandir o repertório de técnicas e explorar novas ferramentas, o sonhador ganha mais controle sobre sua experiência noturna e aumenta as chances de acessar estados de lucidez de maneira mais consistente. Cada método traz sua própria perspectiva e desafio, mas todos contribuem para o aprimoramento da consciência dentro dos sonhos. Quanto mais recursos estiverem disponíveis, maior será a flexibilidade para adaptar a prática ao ritmo e às necessidades individuais, transformando cada noite em uma oportunidade real de exploração consciente do mundo onírico.

Capítulo 23
A Primeira Experiência de Sonho Lúcido

A primeira experiência de sonho lúcido marca um ponto crucial na jornada de quem busca expandir sua consciência durante o sono. A descoberta de que é possível estar desperto dentro de um sonho, com plena percepção de que tudo ao redor é criação da própria mente, desencadeia uma mistura intensa de emoções, desde a euforia inicial até um sentimento de admiração e poder. Esse momento revela a flexibilidade da realidade onírica e abre portas para um universo onde as leis da física e da lógica podem ser manipuladas ao bel-prazer do sonhador. No entanto, para que essa vivência não seja efêmera, é fundamental compreender como a mente reage à súbita percepção da lucidez e aprender estratégias para manter esse estado por mais tempo. Como qualquer nova habilidade, a estabilidade dentro do sonho lúcido se desenvolve com prática, paciência e experimentação consciente.

O primeiro grande desafio é lidar com a excitação que acompanha a constatação da lucidez. Muitos sonhadores relatam que, assim que percebem estar sonhando, uma onda de adrenalina percorre seu corpo, fazendo com que despertem abruptamente. Essa resposta natural ocorre porque o cérebro associa a intensidade emocional ao estado de vigília, interpretando a excitação como um sinal para acordar. Para contornar esse obstáculo, é essencial manter a calma e ancorar-se na experiência. Técnicas como respirar profundamente, esfregar as mãos ou observar o ambiente de forma serena ajudam a estabilizar o sonho. Interagir com o cenário, tocando objetos ou explorando suas texturas, reforça a conexão sensorial e impede que o sonho se dissolva rapidamente. A estabilidade da lucidez depende, em grande parte, da capacidade de equilibrar a empolgação com a serenidade, permitindo que a mente se acostume gradualmente a esse novo estado de consciência.

    Outro aspecto essencial é desenvolver métodos para prolongar a experiência, evitando que a lucidez se perca ou que o sonhador desperte prematuramente. Alternar o foco entre diferentes elementos do sonho, movimentar-se dentro do ambiente e utilizar comandos verbais como "aumentar clareza" são estratégias eficazes para manter o controle da experiência. Quando o sonho começa a desvanecer, ações como girar o corpo rapidamente ou pressionar as mãos contra uma superfície podem ajudar a reancorar a mente dentro do cenário onírico. Além disso, evitar fixar o olhar em um único ponto por muito tempo reduz as chances de colapso da cena. A primeira experiência de sonho lúcido pode ser breve, mas cada tentativa fortalece a habilidade de sustentar a consciência dentro do sonho, permitindo que, com o tempo, os episódios se tornem mais longos, vívidos e envolventes. Ao registrar cada detalhe dessa vivência ao despertar, o sonhador cria um vínculo mais profundo com sua própria mente onírica, acelerando o processo de aprendizado e refinando sua capacidade de explorar a realidade dos sonhos com maior domínio e fluidez.

A lucidez pode surgir de maneiras diferentes para cada pessoa. Alguns sonhadores percebem que algo no ambiente não faz sentido — um objeto mudando de forma, a presença de alguém que já faleceu, uma situação absurda sendo tratada como normal — e, ao questionarem a lógica do sonho, a consciência desperta. Outros podem atingir a lucidez espontaneamente, sem motivo aparente, simplesmente "sabendo" que estão em um sonho. Para aqueles que aplicam técnicas regularmente, o momento pode vir como uma confirmação de que seus esforços deram certo: um teste de realidade que finalmente falha ou a memória de que estavam tentando ter um sonho lúcido.

O primeiro desafio da experiência é manter o controle emocional. A empolgação excessiva pode ser um fator determinante para um despertar precoce. Muitos sonhadores relatam que, ao perceberem que estão sonhando, a euforia toma conta, e esse aumento repentino de adrenalina faz com que despertem abruptamente. Para evitar isso, é essencial adotar uma postura calma e focada. Em vez de se deixar levar pela excitação, é recomendável respirar profundamente e afirmar mentalmente que o sonho está sob controle.

Outro aspecto importante é a estabilização da cena onírica. Os primeiros sonhos lúcidos tendem a ser instáveis, com o cenário se dissolvendo rapidamente ou os sentidos parecendo confusos. Uma estratégia eficaz para fortalecer a experiência é interagir com o ambiente do sonho. Tocar objetos, sentir suas texturas, esfregar as mãos uma na outra ou até mesmo verbalizar comandos como "clareza agora" são técnicas que ajudam a ancorar a mente dentro do sonho. Movimentar-se de forma deliberada também pode contribuir para a estabilidade. Ficar parado pode fazer com que o sonho perca a nitidez, enquanto caminhar, explorar o ambiente e prestar atenção nos detalhes visuais e sonoros fortalece a imersão.

Muitas vezes, a lucidez dura apenas alguns segundos antes de o sonhador despertar. Esse fenômeno ocorre porque o cérebro ainda não está acostumado a sustentar esse estado por longos períodos. A prática contínua melhora essa capacidade, permitindo que os sonhos lúcidos se tornem cada vez mais longos e detalhados. Para prolongar a experiência, é importante evitar fixar o olhar em um único ponto por muito tempo, pois isso pode fazer com que o sonho desmorone. Alternar a atenção entre diferentes partes do cenário ajuda a manter a mente engajada e presente dentro do ambiente onírico.

Ao perceber que o sonho está enfraquecendo, algumas técnicas podem ser utilizadas para evitar o despertar. Girar o próprio corpo dentro do sonho, esfregar as mãos ou até mesmo tocar o chão podem ajudar a restaurar a sensação de imersão. Em alguns casos, quando o sonho parece prestes a acabar, é possível tentar "pular" para outro cenário mentalmente, visualizando uma nova cena e permitindo que o fluxo do sonho continue.

Outro fator que pode influenciar a duração do sonho lúcido é o nível de envolvimento com a narrativa do sonho. Algumas pessoas relatam que, ao se tornarem lúcidas, imediatamente tentam exercer controle total sobre o cenário, forçando mudanças bruscas ou tentando voar sem qualquer preparação. Embora seja possível controlar aspectos do sonho, é mais eficaz começar com pequenas interações, como testar a gravidade, observar detalhes do ambiente ou conversar com personagens do sonho. Essa abordagem gradual ajuda a consolidar a experiência sem sobrecarregar a mente com expectativas excessivas.

Independentemente da duração do primeiro sonho lúcido, o mais importante é registrá-lo assim que o sonhador desperta. Anotar cada detalhe, desde as sensações até as ações tomadas, fortalece a memória onírica e prepara a mente para reconhecer padrões nos sonhos futuros. Esse registro permite analisar o que funcionou bem, quais desafios surgiram e quais técnicas podem ser melhoradas.

Com a prática contínua, os sonhos lúcidos se tornam mais frequentes e naturais. O primeiro contato com a lucidez pode parecer breve e instável, mas cada experiência contribui para o aprimoramento da habilidade. Aos poucos, o sonhador aprende a se manter calmo, a interagir com o ambiente e a prolongar a duração do sonho. O domínio da consciência onírica não acontece de um dia para o outro, mas a cada nova tentativa, a mente se adapta e se torna mais preparada para navegar com clareza pelo vasto universo dos sonhos.

Capítulo 24
Mantendo-se Lúcido

Manter-se lúcido dentro de um sonho requer um equilíbrio entre controle emocional, engajamento sensorial e estratégias de estabilização eficazes. A conquista da consciência onírica pode ser breve se o sonhador não souber como sustentar essa experiência, pois a excitação ou a falta de estímulos adequados podem levar ao despertar abrupto ou à dissolução do cenário. A mente, ao perceber que está sonhando, tende a reagir com um aumento da atividade neural, o que pode causar uma interrupção involuntária do sono. Para evitar que isso ocorra, é essencial compreender como fortalecer a conexão com o mundo onírico e prolongar a lucidez por mais tempo. Essa habilidade se desenvolve com prática e experimentação, e quanto mais se aplicam técnicas específicas de estabilização, maior será a capacidade de navegar conscientemente pelo sonho sem interrupções.

A interação ativa com o ambiente onírico é um dos pilares para a manutenção da lucidez. O toque, por exemplo, desempenha um papel fundamental ao reforçar a imersão no sonho. Ao esfregar as mãos, pressionar os pés contra o solo ou manipular objetos, a mente recebe sinais táteis que a ajudam a manter-se ancorada na experiência. Explorar texturas e temperaturas diferentes também contribui para prolongar a percepção consciente. Além disso, movimentar-se dentro do sonho é uma maneira eficaz de evitar que ele se desfaça. Andar, tocar as paredes, interagir com elementos do cenário ou até mesmo sentir o vento no rosto ao correr são formas de fortalecer a conexão com o mundo onírico. Quando o sonhador se torna um participante ativo, em vez de um mero observador, a estabilidade do sonho aumenta significativamente.

Outra estratégia crucial é o controle do foco visual. Fixar o olhar em um único ponto por muito tempo pode fazer com que a cena perca a nitidez e desmorone. Para evitar isso, é recomendável mudar constantemente o foco entre diferentes elementos do ambiente, absorvendo detalhes variados e ampliando a percepção do espaço ao redor. Além disso, comandos verbais dentro do sonho, como "clareza agora" ou "permanecer lúcido", podem reforçar a estabilidade, pois o cérebro responde bem a sugestões diretas. Caso o sonho comece a perder consistência, técnicas como girar o próprio corpo ou esfregar as mãos ajudam a restaurar a imersão e evitar um despertar precoce. Manter uma atitude calma e confiante, sem o medo de perder a lucidez, também é essencial para prolongar a experiência. Quanto mais natural se torna esse processo, mais longos e detalhados serão os sonhos lúcidos, permitindo que o sonhador explore esse universo com liberdade e controle cada vez maiores.

Uma das formas mais eficazes de manter-se lúcido dentro do sonho é interagir ativamente com o ambiente. O toque é uma das sensações mais poderosas para reforçar a imersão no mundo onírico. Esfregar as mãos uma na outra, tocar objetos e sentir suas texturas, pressionar os pés contra o solo ou até mesmo tocar as paredes ao redor são maneiras de ancorar a consciência dentro da experiência. Quanto mais estímulos sensoriais forem ativados, mais sólida será a conexão com o sonho.

Outro fator que pode afetar a estabilidade do sonho é o foco visual. Muitas pessoas relatam que, ao fixar o olhar em um único ponto por muito tempo, a cena começa a desmoronar ou se apagar. Para evitar esse efeito, é recomendável movimentar os olhos constantemente, explorando os detalhes do ambiente e mudando o foco entre diferentes elementos do cenário. Essa prática mantém o cérebro engajado e reduz as chances de que o sonho desapareça repentinamente.

Além das interações físicas, comandos verbais dentro do sonho podem ajudar a reforçar a lucidez. Algumas pessoas descobrem que verbalizar afirmações como "clareza agora" ou "aumentar estabilidade" fortalece a experiência e impede que ela se dissipe. O cérebro responde bem a sugestões diretas, e repetir comandos simples pode ser suficiente para restaurar a nitidez do sonho e prolongar sua duração.

O controle da excitação emocional também desempenha um papel essencial na estabilização do sonho. O entusiasmo ao perceber a lucidez é natural, mas se não for administrado, pode fazer com que o sonhador desperte rapidamente. Respirar fundo, manter a calma e agir de forma deliberada dentro do sonho ajudam a equilibrar a experiência. Em vez de tentar realizar ações grandiosas imediatamente, como voar ou mudar o cenário, é mais eficaz começar com interações simples e aumentar gradualmente o nível de experimentação dentro do sonho.

Se o sonho começar a perder estabilidade, algumas técnicas podem ser aplicadas para restaurá-lo antes que ele se dissolva por completo. Girar o próprio corpo dentro do sonho, como se estivesse em um peão, é uma das abordagens mais conhecidas. Esse movimento cria um efeito de reinicialização, muitas vezes transportando o sonhador para um novo cenário enquanto preserva a lucidez. Outra técnica eficaz é esfregar as mãos vigorosamente, pois a sensação tátil estimula a continuidade da experiência.

Outra estratégia interessante para prolongar a duração do sonho é reforçar a intenção de permanecer dentro dele. Em alguns casos, apenas lembrar-se conscientemente de que deseja continuar sonhando pode ser suficiente para evitar um despertar prematuro. O medo de perder o sonho pode ter o efeito contrário, então é importante cultivar uma mentalidade relaxada e confiante de que o sonho continuará enquanto for necessário.

O ambiente do sonho também pode oferecer pistas sobre sua estabilidade. Algumas pessoas relatam que, quando a luz começa a diminuir, o sonho tende a desmoronar. Nesses casos, criar fontes de iluminação dentro do próprio sonho, como acender uma lâmpada ou trazer o sol de volta ao céu, pode ajudar a manter a cena vívida. Da mesma forma, se o som começar a desaparecer ou o ambiente parecer instável, concentrarse nos detalhes e interagir ativamente pode restaurar a clareza da experiência.

Ao praticar essas estratégias, o sonhador desenvolve um maior controle sobre suas experiências oníricas e aprende a sustentar a lucidez por períodos mais longos. Quanto mais se aplica essas técnicas, mais naturais elas se tornam, permitindo que os sonhos lúcidos evoluam de momentos breves para explorações profundas e enriquecedoras. Dominar a estabilização do sonho é um passo fundamental para quem deseja não apenas se tornar lúcido, mas também navegar pelo mundo onírico com liberdade e consistência.

Capítulo 25
Navegação e Controle do Ambiente Onírico

O domínio da navegação e do controle dentro de um sonho lúcido representa um avanço significativo na exploração da consciência onírica. Diferente da realidade desperta, onde as leis físicas impõem limitações concretas, o universo dos sonhos responde diretamente às intenções e expectativas do sonhador. Isso significa que qualquer ação pode ser potencializada pelo simples ato de acreditar que ela é possível. Desde a locomoção até a transformação completa do ambiente, cada elemento do sonho pode ser moldado de acordo com a vontade do indivíduo, mas essa habilidade não surge instantaneamente para todos. Para navegar com fluidez e modificar cenários de maneira intencional, é necessário um processo de aprendizado gradual, no qual a experimentação e o fortalecimento da confiança desempenham papéis essenciais.

A locomoção dentro do sonho pode ocorrer de diversas formas, e compreender essas variações é um dos primeiros passos para expandir o controle sobre a experiência onírica. Caminhar é o método mais intuitivo, mas muitos sonhadores relatam que a sensação dos passos pode ser instável, como se estivessem pisando em um solo maleável ou flutuante. Para aqueles que desejam ultrapassar as barreiras da locomoção tradicional, alternativas como levitação, deslizamento e voo tornam-se possibilidades fascinantes. Voar, por exemplo, é um dos aspectos mais desejados dentro dos sonhos lúcidos, mas pode exigir prática para ser realizado com precisão. A chave para um voo bem-sucedido está na confiança absoluta de que ele é possível. Insegurança ou hesitação tendem a se manifestar na forma de dificuldades, como flutuação instável ou quedas inesperadas. Um método eficaz para adquirir controle sobre essa habilidade é iniciar com saltos leves, permitindo que o corpo onírico se familiarize com a ausência de gravidade antes de alçar voos mais longos e direcionados.

Além do deslocamento, a capacidade de modificar o ambiente ao redor é um dos aspectos mais impressionantes do sonho lúcido. Alguns sonhadores experientes conseguem alterar cenários instantaneamente apenas com um comando mental, mas para a maioria das pessoas, a transição exige estratégias indiretas. Criar portais, abrir portas esperando encontrar um local diferente ou utilizar espelhos como passagem para outras realidades são abordagens que ajudam a mente a aceitar as mudanças de cenário com maior naturalidade. Da mesma forma, manipular objetos dentro do sonho se torna mais fluido com a prática. Testar a transformação de pequenos elementos, como alterar a cor de um objeto ou fazer um item desaparecer, fortalece a percepção de controle e prepara o sonhador para mudanças mais complexas. A experimentação constante expande a maleabilidade da consciência onírica, permitindo que cada experiência se torne mais rica e personalizada. À medida que o domínio sobre esse universo cresce, o sonhador descobre que não há limites para o que pode ser criado, explorado ou modificado, tornando cada sonho lúcido uma jornada única de descobertas e possibilidades infinitas.

A maneira mais básica de se locomover dentro de um sonho é simplesmente caminhar, explorando o ambiente como se estivesse na vida real. No entanto, muitos sonhadores lúcidos relatam que a movimentação pode ser estranha no início. A gravidade pode parecer diferente, os passos podem ser mais leves ou o terreno pode mudar de forma inesperada. Para aqueles que se sentem limitados pelos métodos convencionais de locomoção, outras opções podem ser testadas. Flutuar levemente, deslizar sobre o solo como se estivesse em um campo de baixa gravidade ou mesmo voar são possibilidades comuns relatadas por sonhadores experientes.

O voo, em especial, é uma das experiências mais desejadas dentro dos sonhos lúcidos. No entanto, nem todos conseguem realizá-lo na primeira tentativa. Algumas pessoas relatam que, ao tentar levantar voo, acabam flutuando apenas por alguns centímetros antes de caírem novamente. Outras descrevem que conseguem voar, mas de maneira instável, como se fossem puxadas por forças invisíveis. O segredo para desenvolver essa habilidade está na expectativa e na confiança. No mundo dos sonhos, acreditar que algo é possível geralmente faz com que ele se torne realidade. Se houver dúvidas ou insegurança, o subconsciente pode responder de maneira hesitante. Uma abordagem eficaz é começar com pequenos saltos, ampliando gradualmente a altitude até ganhar segurança para voar com mais controle.

Além da movimentação, outra habilidade fascinante dos sonhos lúcidos é a capacidade de alterar o ambiente ao redor. Alguns sonhadores percebem que, ao desejar estar em um determinado lugar, o cenário se transforma instantaneamente. No entanto, para muitos, essa transição não acontece de forma automática. Criar mudanças no sonho pode exigir uma abordagem mais indireta. Em vez de tentar modificar o cenário com um simples comando, pode ser mais eficaz utilizar elementos dentro do próprio sonho para facilitar a transição. Abrir uma porta esperando encontrar um novo ambiente do outro lado, olhar para um espelho e imaginar que ele levará a outro lugar, ou mesmo dar um giro completo no próprio eixo enquanto mentaliza um destino são estratégias que costumam funcionar bem.

A manipulação de objetos dentro do sonho também segue as regras da expectativa. A maioria das pessoas descobre que pode pegar itens e interagir com eles como no mundo físico, mas, ao perceber a natureza ilusória do sonho, torna-se possível modificar esses objetos à vontade. Um pedaço de papel pode se transformar em uma flor, uma pedra pode virar um pedaço de chocolate, e um simples toque pode fazer uma parede derreter como se fosse líquida. Quanto mais o sonhador se permite experimentar e brincar com essas possibilidades, mais natural se torna o controle sobre o ambiente.

Os personagens dos sonhos também desempenham um papel importante nessa experiência. Diferente do cenário, que pode ser moldado sem resistência, os indivíduos que aparecem nos sonhos lúcidos costumam agir de forma independente, muitas vezes surpreendendo o próprio sonhador com suas respostas e comportamentos. Algumas pessoas gostam de interagir com esses personagens, perguntando-lhes sobre o significado do sonho ou solicitando conselhos. Embora seja difícil determinar se essas respostas vêm do subconsciente ou se são simplesmente construções aleatórias da mente, muitos relatam ter recebido mensagens profundas e insights inesperados dessas interações.

Para aqueles que desejam aprofundar o controle sobre o ambiente onírico, a chave está na experimentação e no treinamento progressivo. Começar com pequenas mudanças, como modificar a cor do céu ou mover um objeto à distância, pode ajudar a construir confiança antes de tentar alterações mais complexas, como criar cidades inteiras ou visitar locais fictícios. Quanto mais a mente se acostuma com a flexibilidade dos sonhos lúcidos, mais fácil se torna moldar essa realidade conforme a vontade.

Explorar e modificar o mundo onírico é uma das partes mais empolgantes da experiência da lucidez. A liberdade de voar, criar cenários impossíveis e interagir com personagens do próprio subconsciente oferece possibilidades infinitas de aprendizado e diversão. Quanto mais se pratica, mais natural se torna a sensação de estar no controle, transformando cada sonho lúcido em uma aventura única e inesquecível.

Capítulo 26
Transformando Medos

Os sonhos representam um reflexo direto da psique, onde emoções, traumas e temores profundos se manifestam em cenários simbólicos. Dentro desse universo onírico, os pesadelos assumem um papel de destaque, provocando reações intensas e, por vezes, angustiantes. No entanto, a capacidade de tornar-se consciente dentro do sonho, fenômeno conhecido como lucidez onírica, abre a possibilidade de ressignificar essas experiências. Em vez de serem meros eventos perturbadores, os pesadelos podem se transformar em valiosas oportunidades de autoconhecimento e superação. A mente, ao perceber que está sonhando, adquire um novo nível de domínio sobre a narrativa, permitindo que o sonhador mude sua relação com o medo, enfrentando-o de maneira consciente e transformadora.

Essa abordagem consciente permite uma transição da passividade para o controle, modificando o impacto emocional do pesadelo. A percepção de que o terror vivido dentro do sonho não representa uma ameaça real é um primeiro passo fundamental para quebrar o ciclo de medo. O reconhecimento dessa ilusão gera um afastamento psicológico, tornando o pesadelo uma experiência menos aterrorizante e mais acessível à exploração racional. Além disso, essa compreensão fortalece a autoconfiança do sonhador, que passa a perceber o poder que possui sobre suas próprias criações mentais. Ao invés de ser uma vítima dos cenários assustadores, o indivíduo se torna o protagonista da sua experiência, podendo interagir com o ambiente onírico de maneira ativa e intencional.

Com a prática, o sonhador lúcido aprende que os elementos de seus pesadelos, por mais sombrios que pareçam, possuem significados ocultos que podem ser decifrados e ressignificados. O ato de encarar diretamente uma figura ameaçadora, dialogar com o que antes parecia aterrador ou transformar o ambiente do sonho são estratégias que demonstram o potencial dessa prática. Cada pesadelo deixa de ser uma simples manifestação de medo e passa a se tornar um convite à descoberta de aspectos inconscientes que, quando compreendidos, podem gerar mudanças significativas tanto no mundo onírico quanto na vida desperta. Dessa forma, os pesadelos não apenas perdem sua força destrutiva, mas também se tornam portais para o crescimento interior e a expansão da consciência.

A primeira mudança de perspectiva necessária é entender que um pesadelo, por mais assustador que pareça, não representa um perigo real. Quando o sonhador adquire lucidez no meio de um cenário aterrorizante, o simples reconhecimento de que tudo ali é uma criação mental já reduz significativamente o medo. Saber que nada pode feri-lo de fato cria um distanciamento emocional, permitindo que o sonhador passe da posição de vítima passiva para a de observador ou até mesmo controlador da situação.

O instinto natural dentro de um pesadelo é fugir da ameaça. No entanto, nos sonhos lúcidos, essa reação pode ser substituída por uma abordagem mais consciente. Em vez de correr de um perseguidor, parar e encará-lo pode revelar algo surpreendente. Muitas pessoas relatam que, ao confrontar figuras assustadoras dentro dos sonhos, elas mudam de forma, se transformam em pessoas conhecidas ou simplesmente desaparecem. Esse simples ato de enfrentamento dissolve a tensão e pode fornecer insights sobre o que aquela imagem representa dentro do subconsciente.

Outra estratégia eficaz é dialogar com os elementos do pesadelo. Perguntar diretamente ao perseguidor ou ao monstro por que ele está ali pode resultar em respostas inesperadas, que muitas vezes carregam mensagens simbólicas sobre aspectos reprimidos da mente do sonhador. Alguns relatos indicam que, ao interagir com essas figuras, elas perdem sua agressividade e se tornam aliadas dentro do sonho.

Em algumas situações, a abordagem ideal pode ser a transformação do cenário. Se o ambiente do pesadelo for escuro e ameaçador, o sonhador pode tentar trazer luz para a cena, imaginar que o espaço se modifica ou visualizar uma porta se abrindo para um local seguro. Essa mudança deliberada no ambiente ajuda a reforçar a sensação de controle e dissolve a tensão emocional do sonho.

A técnica de mudar a própria forma dentro do sonho também pode ser usada para enfrentar pesadelos de maneira criativa. Se um monstro parece ameaçador, o sonhador pode se transformar em algo ainda maior ou desenvolver habilidades sobre-humanas para neutralizar a ameaça. Criar escudos protetores, voar para longe ou até mesmo absorver a energia do pesadelo para convertê-la em algo positivo são abordagens que demonstram o quanto a consciência dentro do sonho permite uma nova dinâmica diante do medo.

Algumas pessoas que sofrem com pesadelos recorrentes encontram nos sonhos lúcidos uma ferramenta poderosa para reescrever essas narrativas de maneira deliberada. Ao reconhecer um padrão de pesadelo, é possível programar a mente para responder de forma diferente. Se há um cenário recorrente, como ser perseguido por uma figura desconhecida ou estar preso em um local ameaçador, o sonhador pode estabelecer a intenção antes de dormir de reagir conscientemente da próxima vez que aquele pesadelo ocorrer. Esse tipo de reconfiguração mental pode transformar completamente a experiência e reduzir a frequência dos pesadelos ao longo do tempo.

A exploração dos medos dentro do sonho lúcido também pode trazer benefícios para a vida desperta. Superar uma situação de pânico dentro do sonho fortalece a sensação de controle e segurança no estado de vigília. Muitos sonhadores relatam que, ao conseguirem lidar com pesadelos de forma lúcida, desenvolveram mais coragem para enfrentar desafios e ansiedades do dia a dia. Essa conexão entre os dois mundos demonstra como o trabalho consciente dentro dos sonhos pode reverberar positivamente na mente e no comportamento do sonhador.

    Transformar pesadelos em oportunidades de aprendizado e crescimento é um dos aspectos mais fascinantes do sonho lúcido. Quando o medo deixa de ser visto como algo intransponível e passa a ser compreendido como um aspecto da própria mente que pode ser explorado e ressignificado, o sonhador assume um novo nível de controle sobre sua experiência onírica. Com prática e persistência, os pesadelos podem deixar de ser eventos aterrorizantes e se tornar portais para a autodescoberta, a coragem e a expansão da consciência.

Capítulo 27
Cura e Crescimento Pessoal

A mente humana carrega consigo um vasto território de memórias, emoções e crenças que moldam a experiência cotidiana, muitas vezes de maneira inconsciente. Os sonhos lúcidos, ao oferecerem acesso direto a esse universo interno, tornam-se uma ferramenta poderosa para promover cura emocional e crescimento pessoal. Ao se tornar consciente dentro do sonho, o indivíduo ganha a capacidade de interagir com seus próprios conteúdos psíquicos, compreender padrões de pensamento limitantes e ressignificar experiências passadas. Esse estado expandido de percepção permite explorar questões emocionais profundas, promovendo um processo de autoconhecimento que pode refletir positivamente na vida desperta.

Dentro do sonho lúcido, a mente revela aspectos ocultos do ser, muitas vezes por meio de símbolos e metáforas que expressam conflitos internos. O sonhador, ao perceber sua lucidez, pode utilizar esse espaço para dialogar com essas imagens, compreendendo seus significados e desbloqueando emoções reprimidas. Ao invés de apenas testemunhar um sonho se desenrolar, a pessoa passa a atuar conscientemente dentro dele, podendo questionar personagens oníricos, modificar cenários ou reviver situações sob uma nova perspectiva. Esse processo de exploração interna possibilita uma compreensão mais profunda de traumas, inseguranças e desafios emocionais, abrindo caminho para a superação e a transformação pessoal.

Além da cura emocional, os sonhos lúcidos também fortalecem a resiliência e a autoconfiança. O simples fato de perceber que se pode interagir e alterar os acontecimentos dentro do sonho cria uma sensação de empoderamento que se estende para a vida desperta. Situações que antes pareciam intransponíveis ganham novas possibilidades de enfrentamento, medos são dissolvidos e o sonhador passa a enxergar sua realidade com mais clareza e controle. Dessa forma, os sonhos lúcidos não apenas revelam aspectos internos da mente, mas também fornecem ferramentas práticas para lidar com desafios, fortalecer a autoestima e expandir a consciência em direção a um estado de maior equilíbrio e bem-estar.

Uma das formas mais eficazes de utilizar os sonhos lúcidos para a cura emocional é entrar em contato com emoções reprimidas. Muitas vezes, questões que não conseguimos processar completamente no estado desperto emergem nos sonhos em forma de símbolos, cenários ou personagens. Tornar-se lúcido no meio dessas experiências permite interagir diretamente com esses elementos e buscar entendimento. Se um sonho traz uma sensação persistente de medo, tristeza ou raiva, em vez de evitá-la, o sonhador pode perguntar ao próprio sonho o que essa emoção representa e permitir que sua mente forneça respostas espontâneas. Essa abordagem pode revelar conexões ocultas entre eventos passados e sentimentos não resolvidos, facilitando a integração e o processamento dessas emoções.

O encontro com versões passadas de si mesmo é outro fenômeno comum em sonhos lúcidos voltados para o autoconhecimento. Algumas pessoas relatam encontrar a própria criança interior, podendo conversar e oferecer carinho e segurança a essa parte da psique que ainda guarda traumas ou inseguranças. Outros experimentam sonhos onde se deparam com versões futuras de si mesmos, recebendo conselhos ou vislumbrando caminhos possíveis para sua jornada pessoal. Essas interações podem ter um impacto profundo na forma como o sonhador se percebe e encara sua própria trajetória.

Além do trabalho emocional, os sonhos lúcidos podem ser usados para superar medos e fobias. Dentro do sonho, é possível simular situações que causam ansiedade na vida desperta, mas de maneira controlada e segura. Se alguém tem medo de falar em público, por exemplo, pode criar um cenário onde pratica um discurso diante de uma plateia imaginária. Se o medo é de altura, pode experimentar ficar no topo de um prédio dentro do sonho e perceber que nada de ruim acontece. O cérebro processa essas experiências de maneira semelhante às vivências reais, o que significa que superar um medo dentro de um sonho pode resultar em uma redução da ansiedade relacionada a ele no estado desperto.

Outro aspecto valioso dos sonhos lúcidos para o crescimento pessoal é a possibilidade de receber insights e respostas para dilemas internos. Antes de dormir, o sonhador pode definir a intenção de encontrar uma solução para um problema específico. Dentro do sonho, ao se tornar lúcido, pode fazer perguntas diretamente ao próprio sonho ou a personagens oníricos, esperando que as respostas surjam de maneira simbólica ou direta. Muitas pessoas relatam que os sonhos fornecem soluções criativas e inesperadas para questões que pareciam insolúveis na vigília.

A cura física através dos sonhos também é um tema explorado por muitos praticantes e pesquisadores. Embora a ciência ainda esteja estudando os efeitos dessa prática, há relatos de pessoas que utilizam sonhos lúcidos para visualizar a regeneração de áreas do corpo afetadas por doenças ou lesões, sentindo um alívio real ao despertar. A mente tem uma forte influência sobre o corpo, e a visualização de cura dentro do sonho pode estimular processos internos que auxiliam no bem-estar físico.

A prática dos sonhos lúcidos como ferramenta de crescimento pessoal também está relacionada ao fortalecimento da autoestima e do senso de empoderamento. O simples fato de perceber que se tem controle sobre a própria realidade dentro do sonho pode aumentar a confiança e a sensação de autonomia na vida desperta. Ao lidar conscientemente com desafios no mundo onírico, o sonhador desenvolve uma mentalidade mais resiliente e adaptável para enfrentar dificuldades reais.

Integrar as experiências dos sonhos lúcidos ao cotidiano desperto potencializa os benefícios dessa prática. Manter um diário de sonhos e refletir sobre os temas recorrentes permite identificar padrões internos e trabalhar mudanças conscientes. As lições aprendidas no estado onírico podem ser aplicadas na vida real, seja na forma de novos hábitos, mudanças de perspectiva ou decisões mais alinhadas com o verdadeiro eu.

    A jornada dentro dos sonhos é, essencialmente, uma jornada para dentro de si mesmo. Quando encarada com propósito e intenção, essa experiência se torna um portal para a cura emocional, a expansão da consciência e o crescimento pessoal. Os sonhos lúcidos oferecem a oportunidade única de explorar a mente em sua forma mais pura, sem filtros ou limitações externas, proporcionando descobertas que podem transformar profundamente a forma como o sonhador vive e compreende sua própria existência.

Capítulo 28
Criatividade e Solução de Problemas

A mente humana opera de maneira extraordinária quando se libera das amarras da lógica convencional, e os sonhos lúcidos representam um dos acessos mais diretos a esse potencial ilimitado. No estado onírico, as restrições impostas pelo pensamento linear se dissolvem, permitindo que ideias inovadoras floresçam sem os bloqueios típicos da vigília. Esse ambiente único proporciona um campo fértil para experimentação, permitindo que conceitos abstratos se materializem, problemas complexos sejam abordados por ângulos inesperados e a criatividade se expanda de maneira sem precedentes. Ao despertar dentro do sonho, o indivíduo ganha não apenas consciência sobre sua experiência, mas também a capacidade de explorá-la de forma intencional, transformando o universo onírico em um verdadeiro laboratório de invenção e descoberta.

A interação com esse espaço mental sem limitações possibilita uma forma de aprendizado e criação que transcende os métodos tradicionais. Escritores podem visualizar suas histórias acontecendo em tempo real, dialogando com personagens e explorando cenários que emergem espontaneamente. Músicos podem ouvir melodias inéditas criadas por sua própria mente subconsciente, enquanto artistas visuais podem experimentar composições impossíveis, explorando cores e formas além do que seriam capazes de conceber no estado desperto. Até mesmo cientistas e inventores podem se beneficiar desse ambiente criativo, onde conceitos abstratos se tornam tangíveis e a solução de problemas ocorre de maneira intuitiva, conectando informações de forma não convencional. O cérebro, ao operar sem restrições, permite o surgimento de ideias que poderiam ser inatingíveis pela análise lógica tradicional.

Além do estímulo criativo, os sonhos lúcidos possibilitam o aprimoramento de habilidades práticas por meio da simulação mental. A ciência tem demonstrado que a visualização intensa pode fortalecer conexões neurais de maneira semelhante à prática real, o que significa que um atleta pode treinar movimentos específicos, um palestrante pode ensaiar discursos e até mesmo um estudante pode aprofundar seu entendimento sobre um conceito complexo. A mente, ao perceber a experiência onírica como real, processa esses exercícios como aprendizado legítimo, tornando essa ferramenta poderosa tanto para o desenvolvimento cognitivo quanto para a superação de desafios práticos. Dessa forma, os sonhos lúcidos se revelam não apenas como um espaço para o entretenimento ou a exploração pessoal, mas também como um recurso valioso para desbloquear novos níveis de criatividade, solucionar problemas e expandir as fronteiras do pensamento humano.

A criação de cenários, personagens e narrativas dentro do sonho ocorre sem esforço, pois a mente subconsciente é capaz de construir imagens e histórias em tempo real. Para um escritor ou roteirista, isso pode significar a oportunidade de explorar cenas e diálogos antes mesmo de colocá-los no papel. Um músico pode ouvir composições inéditas criadas pelo próprio cérebro e até tentar reproduzi-las ao acordar. Um pintor ou designer pode visualizar padrões, formas e cores nunca antes imaginadas, usando o sonho como um espaço de experimentação artística sem limites.

A criatividade nos sonhos lúcidos não se limita às artes, estendendo-se também à solução de problemas práticos. Questões que parecem insolúveis na vigília podem encontrar respostas inesperadas dentro do mundo onírico. Antes de dormir, o sonhador pode definir a intenção de resolver um problema específico, formulando uma pergunta ou um desafio mental. No estado lúcido, pode então buscar a resposta diretamente, pedindo ajuda a personagens oníricos ou explorando o ambiente do sonho em busca de pistas simbólicas. Muitas vezes, as soluções surgem de forma intuitiva, sem necessidade de um raciocínio linear, pois o cérebro opera de maneira mais livre e associativa.

O treinamento de habilidades também se torna uma possibilidade interessante dentro dos sonhos lúcidos. Estudos indicam que a prática mental de atividades físicas ou intelectuais pode fortalecer conexões neurais semelhantes às formadas durante a prática real. Isso significa que um atleta pode aprimorar seus movimentos dentro do sonho, um músico pode ensaiar uma peça complexa e até mesmo alguém que deseja desenvolver habilidades sociais pode treinar interações e discursos dentro do ambiente onírico. A mente não distingue completamente entre a prática imaginada e a prática real, tornando essa estratégia uma ferramenta valiosa para o aprendizado e o desenvolvimento pessoal.

Além do aprimoramento de habilidades, os sonhos lúcidos podem ser usados para experimentar novas perspectivas e expandir a criatividade de formas inesperadas. Um exercício interessante é mudar de forma dentro do sonho, assumindo o ponto de vista de um animal, de um objeto ou até mesmo de outro ser humano. Essa mudança de perspectiva pode gerar insights profundos sobre empatia, imaginação e compreensão do mundo sob ângulos diferentes dos habituais.

Outro método eficaz para estimular a criatividade dentro do sonho lúcido é desafiar as regras do ambiente onírico. Brincar com as leis da física, criar espaços impossíveis e interagir com conceitos abstratos de maneira tangível pode levar a descobertas surpreendentes. O cérebro, ao se libertar das limitações do mundo desperto, passa a funcionar de maneira mais fluida e inovadora, proporcionando experiências que podem influenciar a forma como o sonhador encara desafios criativos na vida real.

Manter um diário detalhado dos sonhos é fundamental para captar e aproveitar ao máximo essas experiências. Muitas ideias brilhantes podem parecer claras dentro do sonho, mas acabam se dissipando rapidamente ao despertar. Anotar imediatamente qualquer insight, cena ou conceito criativo permite que essas inspirações sejam registradas e posteriormente desenvolvidas na vigília.

    Explorar a criatividade e a solução de problemas dentro dos sonhos lúcidos transforma cada experiência onírica em uma oportunidade única de aprendizado e inovação. Seja para aprimorar uma habilidade, buscar inspiração artística ou resolver um dilema prático, o mundo dos sonhos oferece um território infinito de possibilidades. O sonhador que aprende a navegar conscientemente por esse espaço pode desbloquear aspectos profundos da própria mente, trazendo para a realidade novas formas de pensar, criar e solucionar desafios.

Capítulo 29
Exploração Espiritual nos Sonhos

A consciência humana possui camadas que transcendem a experiência cotidiana, e os sonhos lúcidos se revelam como uma poderosa via de acesso a estados ampliados de percepção. Ao despertar dentro do sonho, o indivíduo se depara com um território vasto e ilimitado, onde as fronteiras entre o real e o simbólico se tornam fluidas. Nesse espaço, questões existenciais podem ser exploradas de maneira profunda, revelando insights que escapam ao pensamento lógico da vigília. Desde tempos imemoriais, tradições espirituais enxergam os sonhos como portais para outras dimensões do ser, um meio de comunicação com aspectos mais sutis da realidade e até mesmo uma ferramenta para alcançar níveis superiores de consciência. Quando o sonhador adquire lucidez e direciona sua experiência com intenção, ele pode mergulhar nesse potencial transformador, acessando ensinamentos ocultos e expandindo sua compreensão sobre si mesmo e o universo.

Entre as experiências mais marcantes relatadas por aqueles que utilizam os sonhos lúcidos para a exploração espiritual está o encontro com figuras de sabedoria. Esses personagens, muitas vezes descritos como mestres, guias ou seres luminosos, parecem possuir um conhecimento que transcende o próprio sonhador. O diálogo com essas entidades pode trazer conselhos profundos, respostas enigmáticas ou simplesmente a sensação de um contato com algo maior. Além disso, muitos praticantes vivenciam momentos de intensa paz e conexão, onde a sensação de individualidade se dissolve, dando lugar a uma percepção ampliada da existência. Essa experiência de unidade, semelhante aos estados meditativos mais profundos, sugere que os sonhos podem servir como uma ponte entre a mente pessoal e uma consciência maior, seja ela interpretada como espiritual, cósmica ou simplesmente um nível mais profundo da psique.

Outra faceta fascinante da exploração espiritual nos sonhos lúcidos é a sensação de atravessar portais e acessar realidades desconhecidas. Alguns sonhadores descrevem a entrada em templos grandiosos, cidades etéreas ou paisagens de beleza indescritível, que parecem conter uma sabedoria silenciosa. Outros relatam encontros com entes queridos já falecidos, experiências que podem proporcionar conforto e esclarecimento sobre a continuidade da existência. Seja qual for a interpretação dessas vivências—como manifestações do inconsciente, experiências místicas ou viagens para outros planos—, elas deixam marcas profundas na percepção do sonhador. Dessa forma, os sonhos lúcidos se tornam não apenas um espaço de exploração interior, mas também uma ferramenta para expandir as fronteiras da realidade conhecida, conduzindo o indivíduo a novas formas de compreender a si mesmo e o mistério da existência.

Uma das formas mais comuns de busca espiritual nos sonhos lúcidos é o encontro com guias ou mestres. Muitas pessoas relatam que, ao se tornarem conscientes dentro de um sonho, encontram figuras que parecem possuir uma sabedoria superior. Esses guias podem aparecer na forma de anciões, seres de luz, animais simbólicos ou até mesmo figuras conhecidas, como professores e mentores. Para aqueles que desejam vivenciar esse tipo de experiência, a chave está na intenção. Antes de dormir, é possível programar a mente para buscar um encontro significativo dentro do sonho, formulando um pedido claro, como: "Quero encontrar um guia que possa me ensinar algo importante". Ao se tornar lúcido, basta reforçar essa intenção e permitir que a experiência se desenrole naturalmente.

Outra experiência frequentemente relatada dentro dos sonhos lúcidos espirituais é a sensação de unidade e dissolução do ego. Alguns sonhadores descrevem momentos em que toda a estrutura do sonho desaparece, restando apenas uma vastidão de luz, um sentimento profundo de paz ou uma consciência pura sem forma definida. Essa vivência se assemelha a estados meditativos profundos e pode trazer uma sensação de conexão com algo maior, independentemente das crenças individuais do sonhador. Em tradições como o budismo tibetano, essa experiência é considerada um vislumbre da verdadeira natureza da mente, um estado além das ilusões e projeções do mundo material.

A possibilidade de utilizar os sonhos lúcidos para buscar respostas para questões existenciais também é um aspecto fascinante dessa jornada. Dentro do sonho, o sonhador pode formular perguntas diretamente ao universo onírico, como: "Qual é o propósito da minha vida?" ou "O que preciso aprender neste momento?". As respostas podem surgir de maneiras inesperadas, seja através da fala de personagens, de símbolos ou de eventos que acontecem ao longo do sonho. O mais interessante é que essas respostas muitas vezes trazem percepções que o sonhador talvez não conseguisse acessar conscientemente no estado desperto.

Algumas pessoas também relatam experiências que interpretam como encontros com entes queridos falecidos. Dentro do sonho, essas figuras aparecem muitas vezes cheias de paz e oferecem mensagens de conforto ou despedida. Embora existam diversas explicações possíveis para esse fenômeno — desde projeções do subconsciente até a possibilidade de um contato genuíno, dependendo das crenças de cada um —, o fato é que essas interações costumam ser emocionalmente impactantes e deixam uma sensação duradoura de conexão e entendimento.

A sensação de atravessar portais ou visitar outras realidades também é um tema recorrente entre aqueles que exploram os sonhos lúcidos com um olhar espiritual. Algumas pessoas relatam entrar em templos grandiosos, cidades desconhecidas ou paisagens que parecem existir além do mundo imaginado pelo próprio sonhador. Há relatos de encontros com seres desconhecidos, acesso a bibliotecas de conhecimento infinito ou até mesmo experiências de voar pelo espaço, sentindo-se parte do universo. Para os que acreditam em realidades além do físico, essas viagens podem ser interpretadas como explorações de outros planos dimensionais. Para aqueles que preferem uma visão mais psicológica, são manifestações profundas da imaginação e da psique. Seja qual for a interpretação, essas experiências costumam deixar uma impressão marcante na mente do sonhador.

    A prática de definir intenções espirituais antes de dormir pode aumentar a frequência desse tipo de sonho. Rezar, meditar ou simplesmente mentalizar um desejo sincero de aprendizado antes de adormecer cria um estado mental propício para que essas experiências ocorram. Além disso, durante o sonho, cultivar uma atitude de respeito e humildade diante dos acontecimentos pode tornar as interações mais profundas e significativas.

    Os sonhos lúcidos oferecem um território ilimitado para exploração do eu interior e das grandes questões da existência. Seja na busca por respostas, no encontro com guias ou na experiência direta da consciência pura, essa prática permite ao sonhador expandir sua percepção da realidade e do que significa estar desperto, tanto dentro quanto fora dos sonhos. O que é encontrado nesse espaço varia de acordo com a mente e as crenças de cada um, mas uma coisa é certa: aqueles que se aventuram por esse caminho raramente retornam os mesmos.

Capítulo 30
A Yoga do Sonho Tibetana em Prática

A prática da Yoga do Sonho, presente nas tradições tibetanas há milênios, oferece um caminho profundo de autoconhecimento e desenvolvimento espiritual, indo muito além da simples experiência de ter consciência dentro dos sonhos. Diferente da abordagem moderna dos sonhos lúcidos, que frequentemente se concentra no controle onírico e na exploração criativa, essa tradição enfatiza a lucidez como um meio de despertar para a verdadeira natureza da mente e da realidade. No budismo tântrico e na tradição Bön, os sonhos são vistos como manifestações da própria consciência, e aprender a navegar por eles com atenção plena pode levar à libertação das ilusões que limitam a percepção no estado desperto. Dessa forma, a prática não apenas aprimora a clareza dentro dos sonhos, mas também fortalece a presença e o discernimento na vida cotidiana, promovendo um estado contínuo de atenção e sabedoria.

O fundamento da Yoga do Sonho reside na compreensão de que a realidade desperta e os sonhos compartilham uma característica essencial: ambos são impermanentes e moldados pela mente. Assim como aceitamos cenários irreais durante o sono sem questioná-los, muitas vezes reagimos mecanicamente aos eventos da vida, presos em padrões automáticos de pensamento e emoção. O treinamento onírico busca romper essa inconsciência habitual, ensinando o praticante a reconhecer a fluidez da existência e a natureza mutável da experiência. Ao desenvolver lucidez nos sonhos, a pessoa exercita a capacidade de permanecer desperta também na vigília, percebendo os acontecimentos com maior clareza e reduzindo o sofrimento causado pelo apego e pela aversão. Esse processo conduz a um estado de presença ampliada, no qual a realidade não é mais vivida como um fluxo incontrolável de eventos, mas como um espaço de consciência onde é possível atuar com maior equilíbrio e discernimento.

Além do aprimoramento da lucidez, a prática envolve um aprofundamento progressivo na exploração da mente. Técnicas avançadas incluem dissolver completamente o sonho para experimentar a consciência pura, modificar deliberadamente a própria forma ou interagir com personagens oníricos como mestres espirituais. Essas experiências são consideradas preparações valiosas para o momento da morte, quando, segundo os ensinamentos tibetanos, a consciência entra em um estado intermediário semelhante ao sonho. Aquele que aprendeu a manter a lucidez nos sonhos estaria mais apto a atravessar essa transição com clareza e serenidade. Assim, a Yoga do Sonho não é apenas uma prática onírica, mas um caminho para a iluminação, treinando a mente para reconhecer sua verdadeira natureza e libertar-se das ilusões que a prendem ao sofrimento.

A base dessa tradição está na ideia de que a realidade cotidiana não é tão diferente dos sonhos. Assim como no estado onírico, aceitamos cenários irreais sem questionamento, no estado desperto muitas vezes reagimos de maneira automática aos acontecimentos, sem perceber que estamos imersos em uma construção mental. Ao desenvolver lucidez nos sonhos, o praticante treina sua mente para estar igualmente desperta no dia a dia, reconhecendo a impermanência das experiências e a influência da própria mente sobre a realidade.

Os primeiros passos dessa prática envolvem cultivar a recordação dos sonhos e desenvolver a lucidez de maneira sistemática. Técnicas como manter um diário de sonhos e realizar testes de realidade ao longo do dia são ferramentas fundamentais para fortalecer a consciência onírica. Além disso, os ensinamentos tibetanos enfatizam a importância de cultivar uma intenção clara antes de dormir. Durante o período que antecede o sono, o praticante pode meditar sobre a impermanência do mundo ou repetir mentalmente um mantra, reforçando a determinação de reconhecer o sonho quando ele ocorrer.

Uma vez lúcido dentro do sonho, o próximo estágio da prática envolve manter a estabilidade e observar conscientemente os fenômenos oníricos sem se deixar levar por distrações ou emoções intensas. Em vez de tentar controlar o sonho ou moldá-lo à própria vontade, o praticante é incentivado a permanecer consciente da experiência sem se apegar a ela, reconhecendo sua natureza ilusória. Esse processo fortalece a capacidade de manter um estado de presença e atenção plena, tanto nos sonhos quanto na vida desperta.

Outro aspecto importante da Yoga do Sonho é a experimentação deliberada com o ambiente onírico para aprofundar o entendimento da mente. O praticante pode tentar atravessar objetos, mudar de forma ou até mesmo dissolver completamente o cenário ao seu redor, observando o que acontece quando todas as imagens desaparecem. Em algumas tradições, acredita-se que essa dissolução do sonho leva a um estado de pura consciência, semelhante ao que se experimenta durante a meditação profunda.

Além da exploração dos sonhos em si, a Yoga do Sonho se conecta a uma prática mais ampla que envolve manter um estado de lucidez ao longo do dia. O conceito de "sonhar acordado" é fundamental dentro dessa tradição, incentivando o praticante a questionar constantemente a natureza da realidade e a cultivar um estado de presença contínua. Esse treinamento fortalece a consciência não apenas nos sonhos, mas também na vigília, permitindo que a mente se torne mais clara e equilibrada diante dos desafios cotidianos.

Dentro do budismo tibetano, acredita-se que essa prática também prepara a mente para a morte e o estado intermediário conhecido como bardo. Assim como no sonho, a transição entre a vida e a morte é vista como um momento de grande maleabilidade mental, onde a consciência pode ser influenciada por hábitos e padrões profundos. Aquele que aprendeu a manter a lucidez nos sonhos estaria, segundo essa visão, mais preparado para atravessar essa transição com clareza e consciência.

Os métodos da Yoga do Sonho envolvem não apenas técnicas práticas, mas também um treinamento mental baseado na disciplina e na intenção. Além de manter um diário de sonhos e estabelecer propósitos antes de dormir, o praticante pode adotar exercícios de visualização, imaginando-se dentro de um sonho enquanto está acordado, reforçando a conexão entre os estados de vigília e sono. A repetição de mantras específicos antes de adormecer também é um elemento central da tradição, ajudando a direcionar a mente para um estado de lucidez natural.

A aplicação dessa prática na vida cotidiana vai além dos sonhos lúcidos. O treinamento contínuo para reconhecer a natureza ilusória das experiências leva a uma maior leveza diante dos acontecimentos, reduzindo o sofrimento causado pelo apego e pela aversão. A percepção da vida como um sonho não significa negar sua importância, mas sim aprender a interagir com ela de forma mais consciente e equilibrada.

Aqueles que se dedicam a essa disciplina frequentemente relatam um aumento na clareza mental, na intuição e na sensação de conexão com algo maior. Seja visto como uma prática espiritual ou simplesmente como uma maneira de aprofundar a compreensão sobre a mente, o fato é que a Yoga do Sonho oferece um caminho único para expandir a consciência e transformar a maneira como vivemos tanto dentro dos sonhos quanto fora deles.

Capítulo 31
Experiências Fora do Corpo

As experiências fora do corpo representam um dos fenômenos mais intrigantes da exploração da consciência humana, desafiando as fronteiras entre a percepção subjetiva e a realidade objetiva. Relatos ao longo da história, provenientes de diversas tradições espirituais e investigações modernas, indicam que a consciência pode se dissociar temporariamente do corpo físico, permitindo ao indivíduo uma sensação vívida de deslocamento para diferentes ambientes, dimensões ou estados de existência. Essa vivência singular é frequentemente descrita com um realismo impressionante, proporcionando uma percepção sensorial nítida e, muitas vezes, um profundo impacto emocional e filosófico. Enquanto algumas pessoas experimentam essa separação espontaneamente, outras buscam métodos específicos para induzi-la, seja por meio de técnicas meditativas, relaxamento profundo ou práticas ligadas aos sonhos lúcidos. O fascínio por esse fenômeno reside tanto na experiência em si quanto nas suas implicações, que desafiam concepções estabelecidas sobre a mente, a consciência e a própria natureza da realidade.

A distinção entre projeção astral e estados oníricos avançados, como o sonho lúcido, é uma questão amplamente debatida entre estudiosos do tema e praticantes experientes. Enquanto os sonhos lúcidos ocorrem dentro de um contexto onírico reconhecidamente moldado pelo subconsciente, as experiências fora do corpo são frequentemente descritas como eventos de percepção ampliada, nos quais o indivíduo tem a nítida impressão de estar interagindo com um ambiente independente de sua própria mente. Muitos relatam observar seu corpo adormecido de um ponto de vista externo, deslocar-se por espaços familiares ou desconhecidos e, em alguns casos, encontrar presenças ou entidades que aparentam ter existência própria. Essas descrições levam alguns pesquisadores a considerar a possibilidade de que o fenômeno seja mais do que uma construção cerebral, sugerindo que possa envolver aspectos ainda não compreendidos da consciência humana. No entanto, a ciência tradicional tende a explicar essas vivências como manifestações de estados alterados de percepção, influenciadas por processos neurológicos como a paralisia do sono, as alucinações hipnagógicas e as dinâmicas do córtex cerebral durante a transição entre vigília e sono.

    Independentemente das explicações, a experiência subjetiva das projeções fora do corpo tem um impacto profundo naqueles que a vivenciam. Muitos relatam um intenso senso de liberdade, uma expansão da percepção e, em alguns casos, transformações em sua visão de mundo e crenças pessoais. Para alguns, a projeção astral representa uma jornada espiritual genuína, um meio de acessar conhecimentos ocultos ou de explorar realidades além do plano físico. Para outros, trata-se de um campo de exploração psicológica, onde o estudo da consciência revela novas camadas da mente humana. Seja qual for a interpretação, as experiências fora do corpo continuam a intrigar, inspirar e desafiar a compreensão convencional da realidade, incentivando aqueles que se interessam pelo tema a aprofundar sua pesquisa e prática, explorando os mistérios da consciência com mente aberta e discernimento crítico.

A principal diferença entre os sonhos lúcidos e as experiências fora do corpo está na percepção da realidade durante o evento. No sonho lúcido, o sonhador percebe que está sonhando, mas geralmente reconhece que o ambiente ao seu redor é uma criação do subconsciente. Na projeção astral, a sensação costuma ser de total separação do corpo físico, acompanhada de uma nitidez sensorial intensa e da impressão de estar em um ambiente que existe independentemente da mente do projetor. Esse estado frequentemente se inicia com sensações peculiares, como vibrações pelo corpo, um zumbido nos ouvidos ou a impressão de estar sendo puxado para fora de si mesmo.

Muitos relatos de projeção astral começam na fase intermediária entre o sono e a vigília, especialmente quando a pessoa desperta no meio da noite, mas mantém o corpo relaxado e imóvel. Sensações de flutuação, paralisia temporária ou mesmo a impressão de estar girando no próprio eixo são comuns antes da suposta separação da consciência. Alguns descrevem um momento de transição onde se sentem levantando da cama e observando o próprio corpo adormecido, o que reforça a crença de que estão de fato fora do corpo físico.

Uma das maiores dificuldades para quem busca esse tipo de experiência é o medo. A sensação de desprendimento pode ser intensa e inesperada, levando muitos a acordarem abruptamente antes de completar a separação. O medo de não conseguir retornar ao corpo ou de encontrar presenças desconhecidas pode bloquear o processo. No entanto, aqueles que se aprofundam nessa prática frequentemente relatam que a experiência é segura e controlável, e que basta a intenção de voltar ao corpo para que isso ocorra instantaneamente.

A navegação durante a projeção astral é relatada como diferente daquela nos sonhos lúcidos. Muitos afirmam que, em vez de caminhar ou manipular o cenário conscientemente, deslocam-se por meio da intenção, bastando pensar em um destino para serem transportados até ele. Alguns descrevem visitas a locais conhecidos, enquanto outros afirmam acessar ambientes desconhecidos, como cidades misteriosas, templos ou paisagens interdimensionais. Há também relatos de encontros com entidades ou seres que parecem ter consciência própria, o que levanta questões sobre a natureza do plano em que se encontram.

As interpretações sobre a projeção astral variam amplamente. Algumas tradições espirituais afirmam que a consciência realmente se separa do corpo físico e viaja para outros planos da existência. Do ponto de vista científico, há explicações alternativas, como a hipótese de que essas experiências sejam estados alterados de consciência gerados pelo cérebro, semelhantes a alucinações hipnagógicas ou a uma forma avançada de sonho lúcido. Estudos sugerem que certas áreas do cérebro relacionadas à percepção do espaço e do corpo podem criar a ilusão de estar fora de si, especialmente em estados de relaxamento profundo ou durante a paralisia do sono.

Independentemente da explicação, o que importa para o praticante é a experiência em si. Muitos relatam que as projeções trazem um profundo senso de liberdade, introspecção e expansão da consciência. Para aqueles que desejam experimentar esse fenômeno, algumas técnicas podem ser aplicadas. Manter a calma ao sentir as vibrações iniciais, evitar mover o corpo físico ao perceber a transição e focar na intenção de se projetar são práticas recomendadas. Além disso, a visualização de um local desejado ou a repetição de um comando mental, como "Agora vou me projetar", podem ajudar a induzir a experiência.

Aqueles que exploram os sonhos lúcidos frequentemente se perguntam se as experiências fora do corpo são apenas um nível mais profundo da lucidez onírica ou se de fato representam algo além. Embora não haja consenso definitivo, a realidade é que ambos os fenômenos podem ser treinados e aprimorados, permitindo que o praticante expanda sua percepção e descubra, por conta própria, os limites e as possibilidades da consciência. O importante é manter uma mente aberta, registrar as experiências e explorar esse território desconhecido com curiosidade e discernimento, permitindo que cada jornada ofereça novos aprendizados e insights sobre a própria natureza da realidade.

Capítulo 32
Integrando Sonho e Realidade

A consciência desperta atinge seu potencial máximo quando transcende os limites do sono e se expande para a vigília, transformando a percepção cotidiana em um estado contínuo de lucidez. O mesmo olhar questionador que possibilita a experiência dos sonhos lúcidos pode ser direcionado para a realidade desperta, promovendo uma compreensão mais profunda da própria existência. A vida, frequentemente vivida de maneira automática, torna-se um campo de exploração ativa, onde cada momento carrega um significado mais rico e cada experiência pode ser moldada pela atenção consciente. Integrar a lucidez dos sonhos ao dia a dia significa viver com mais presença, reconhecer padrões automáticos de pensamento e desenvolver uma relação mais intencional com a própria mente. Esse processo possibilita não apenas uma ampliação da percepção, mas também uma transformação genuína na forma como se interage com o mundo.

A relação entre sonho e realidade é mais fluida do que aparenta, pois ambos são construções da consciência e dependem da forma como são interpretados. No estado onírico, a mente cria cenários e eventos de maneira espontânea, respondendo às emoções e aos pensamentos do sonhador. Da mesma forma, no estado desperto, as percepções são filtradas por crenças, expectativas e condicionamentos internos, moldando a experiência de cada indivíduo. Ao perceber essa influência da mente sobre a realidade, torna-se possível questionar padrões automáticos e adotar uma postura mais ativa diante da vida. Pequenas mudanças de percepção podem modificar a maneira como os desafios são enfrentados, como as relações interpessoais são vivenciadas e como o próprio sentido da existência se revela. Quando a lucidez ultrapassa os limites do sonho e permeia o cotidiano, a experiência da realidade se torna mais plástica, dinâmica e acessível à influência consciente.

A integração entre lucidez onírica e consciência desperta não significa apenas reconhecer semelhanças entre sonho e vigília, mas sim utilizar os aprendizados adquiridos nos sonhos lúcidos para transformar a maneira de viver. O senso de controle e criatividade experimentado nos sonhos pode ser aplicado na busca por soluções inovadoras, na superação de bloqueios emocionais e na construção de uma vida mais autêntica e significativa. A prática de questionar a realidade, de manter a atenção plena e de observar a própria mente sem identificação com pensamentos automáticos possibilita um estado de presença contínuo. A vida, antes percebida como rígida e previsível, revela-se maleável e repleta de possibilidades, permitindo que cada indivíduo assuma um papel mais consciente na construção de sua própria jornada.

A maioria das pessoas vive no piloto automático, reagindo aos acontecimentos sem questionar profundamente a natureza de suas experiências. Da mesma forma que nos sonhos aceitamos eventos absurdos sem questioná-los, na vida desperta frequentemente passamos por situações sem realmente prestar atenção, absorvidos em pensamentos automáticos e distrações. A prática da lucidez propõe uma abordagem diferente, baseada na atenção plena e no reconhecimento da impermanência das experiências.

Um dos primeiros passos para integrar os ensinamentos dos sonhos lúcidos na vigília é cultivar a mesma curiosidade e senso crítico que despertam a consciência dentro dos sonhos. Questionar regularmente "estou sonhando?" ao longo do dia não apenas aumenta a chance de adquirir lucidez nos sonhos, mas também ensina a mente a observar a realidade com mais clareza. Essa prática desenvolve um estado de presença mais profundo, onde cada momento é vivido de forma mais consciente e deliberada.

A observação dos padrões mentais e emocionais também é uma ferramenta essencial para viver de forma mais lúcida. Nos sonhos, as emoções influenciam diretamente o cenário e os acontecimentos. Da mesma forma, na vigília, pensamentos e estados emocionais moldam a percepção da realidade. Uma pessoa que se vê constantemente envolvida em pensamentos negativos ou ansiosos experimentará um mundo filtrado por essas emoções. Desenvolver a capacidade de reconhecer e questionar esses padrões permite maior liberdade e controle sobre como se responde aos desafios da vida.

A criatividade e a flexibilidade mental cultivadas nos sonhos lúcidos também podem ser levadas para a vigília. No mundo onírico, o sonhador descobre que pode alterar cenários, superar obstáculos e criar experiências impossíveis. Embora as leis do mundo físico sejam mais rígidas, a mente continua sendo a principal ferramenta de interpretação da realidade. Quando se aprende a ver a vida como um espaço de experimentação, torna-se mais fácil encontrar soluções inovadoras para problemas, lidar com mudanças de forma mais adaptável e enxergar oportunidades onde antes havia limitações.

 A prática da gratidão e da apreciação pelo momento presente também se fortalece com o treinamento da lucidez. Muitas pessoas que começam a ter sonhos lúcidos relatam uma nova admiração pelo mundo desperto, percebendo detalhes antes ignorados, sentindo cores mais vivas e se conectando com as pequenas maravilhas do cotidiano. Esse estado de presença e encantamento pode ser cultivado conscientemente, tornando cada experiência mais significativa.

 Outro aspecto importante da vida lúcida é o autoconhecimento. Os sonhos revelam muito sobre a psique, trazendo à tona desejos, medos e padrões internos. Da mesma forma, a vigília pode ser usada como um espelho para entender melhor quem somos. Observar reações, analisar pensamentos recorrentes e buscar a causa das emoções pode levar a um nível mais profundo de compreensão e transformação pessoal.

A ideia de que a realidade é tão maleável quanto os sonhos não significa que o mundo físico possa ser manipulado da mesma forma que um cenário onírico, mas sim que a percepção da vida pode ser ajustada conforme a consciência se expande. Quando uma pessoa percebe que sua mente influencia diretamente sua experiência do mundo, ela se torna mais responsável por sua própria realidade, aprendendo a direcionar sua atenção e energia para aquilo que deseja criar.

Viver lucidamente não significa apenas buscar experiências extraordinárias nos sonhos, mas sim despertar para a profundidade e riqueza da própria existência. Cada momento pode ser vivido com mais presença, cada desafio pode ser encarado com mais consciência e cada escolha pode ser feita de forma mais alinhada com aquilo que realmente importa. A prática dos sonhos lúcidos é um convite para enxergar a vida de maneira mais desperta, reconhecendo que, assim como nos sonhos, somos os criadores da nossa própria jornada.

Capítulo 33
Maestria dos Sonhos e Próximos Passos

A exploração dos sonhos lúcidos alcança seu verdadeiro significado quando se transforma em uma jornada contínua de autodescoberta, transcendendo a mera curiosidade e tornando-se uma ferramenta poderosa para o crescimento pessoal. A consciência adquirida nos estados oníricos não apenas revela os mecanismos ocultos da mente, mas também ensina lições valiosas sobre percepção, controle e a natureza da realidade. Com cada experiência lúcida, o praticante aprofunda sua relação com o subconsciente, desbloqueia potenciais criativos e expande sua compreensão do eu. O domínio dos sonhos não é um objetivo a ser atingido, mas um processo em constante evolução, onde cada noite representa uma nova oportunidade de aprendizado e experimentação. Ao invés de encarar a maestria dos sonhos como um fim, deve-se vê-la como um convite para explorar os mistérios da consciência com curiosidade, disciplina e abertura para o inesperado.

A prática contínua da lucidez onírica exige um equilíbrio entre técnica e espontaneidade, permitindo que a experiência se desenvolva naturalmente sem imposições rígidas. Manter um diário de sonhos permanece uma estratégia essencial, pois auxilia no fortalecimento da memória onírica e na identificação de padrões que podem ser utilizados para induzir a lucidez. Além disso, cultivar a atenção plena na vigília fortalece o hábito de questionar a realidade, ampliando a capacidade de reconhecer os momentos em que se está sonhando. Para aqueles que buscam aprofundar seus conhecimentos, a troca de experiências com outros sonhadores lúcidos pode oferecer novas perspectivas e motivação para continuar avançando. Fóruns, grupos de estudo e relatos compartilhados ajudam a diversificar abordagens e a superar desafios comuns na jornada da lucidez.

    Os caminhos para explorar o potencial dos sonhos lúcidos são variados e adaptáveis aos interesses individuais. Alguns podem utilizá-los como fonte de inspiração artística, transformando imagens e narrativas oníricas em música, pintura ou literatura. Outros podem focar na aplicação terapêutica, explorando traumas e desafios emocionais em um ambiente seguro e maleável. Há ainda aqueles que enxergam os sonhos lúcidos como uma ferramenta espiritual, um meio de acessar estados expandidos de consciência e aprofundar sua conexão com aspectos mais sutis da existência. Independentemente do propósito, a experiência da lucidez nos sonhos transcende a noite, influenciando diretamente a forma como se vive o dia. A consciência adquirida no mundo onírico reflete-se na realidade desperta, tornando-a mais vibrante, significativa e passível de transformação. O sonhador que compreende essa conexão percebe que a verdadeira maestria não está apenas em controlar os sonhos, mas em utilizar esse conhecimento para despertar, de forma mais profunda, para a própria vida.

A maestria dos sonhos não é um destino final, mas um processo contínuo de descoberta. Cada noite traz novas oportunidades para explorar a mente e aprofundar a conexão com o subconsciente. Algumas pessoas terão facilidade em atingir a lucidez frequentemente, enquanto outras precisarão de mais tempo para aprimorar suas habilidades. O essencial é manter a prática viva, mesmo nos períodos em que os sonhos lúcidos parecerem menos frequentes. A consistência é a chave para tornar a lucidez um fenômeno natural e recorrente.

Manter um diário de sonhos continuará sendo um dos hábitos mais valiosos nessa jornada. O simples ato de registrar as experiências noturnas fortalece a memória onírica e permite reconhecer padrões recorrentes, facilitando a indução da lucidez. Além disso, revisar registros anteriores pode trazer insights valiosos sobre mudanças emocionais e psicológicas ao longo do tempo, transformando o diário de sonhos em um verdadeiro mapa da mente subconsciente.

O desenvolvimento da atenção plena na vida desperta também segue sendo um fator essencial para a evolução da prática. Quanto mais consciente se estiver durante o dia, mais fácil será transportar essa clareza para o estado onírico. A prática da presença, da observação dos pensamentos e do questionamento da realidade não apenas aumenta a frequência dos sonhos lúcidos, mas também melhora a qualidade de vida, reduzindo a sensação de viver no piloto automático e trazendo mais significado para as experiências cotidianas.

Para aqueles que desejam aprofundar ainda mais seus estudos, explorar comunidades de sonhadores lúcidos pode ser uma experiência enriquecedora. Fóruns, grupos de discussão e encontros sobre o tema reúnem pessoas que compartilham do mesmo interesse e que podem oferecer dicas, relatos e novas perspectivas sobre a prática. Compartilhar experiências e aprender com outros praticantes ajuda a manter a motivação e a descobrir abordagens que talvez não tenham sido consideradas antes.

A exploração dos sonhos pode seguir por diferentes caminhos, dependendo dos interesses de cada um. Alguns podem desejar focar na criatividade, usando os sonhos lúcidos como fonte de inspiração para projetos artísticos, musicais ou literários. Outros podem aprofundar o aspecto terapêutico, trabalhando emoções reprimidas e usando o ambiente onírico para superar medos e desafios internos. Há ainda aqueles que se sentem atraídos pela dimensão espiritual da experiência, utilizando os sonhos lúcidos como um meio de meditação avançada, busca de significado ou até mesmo exploração de estados alterados de consciência.

Independentemente do objetivo, a abordagem mais eficiente é sempre aquela que equilibra disciplina e leveza. Forçar a lucidez ou transformar os sonhos em uma obrigação pode criar ansiedade e prejudicar a experiência. O melhor caminho é manter uma atitude de curiosidade e experimentação, permitindo que os sonhos se desenvolvam naturalmente enquanto se aplica as técnicas aprendidas. Algumas noites serão mais intensas e cheias de lucidez, outras trarão pouca ou nenhuma recordação, mas cada uma delas faz parte do processo de aperfeiçoamento.

A conexão entre os sonhos e a vida desperta se torna cada vez mais evidente conforme a prática avança. Assim como no mundo onírico, onde a consciência permite modificar cenários e interagir com os eventos de forma ativa, a realidade desperta também pode ser transformada à medida que se desenvolve maior controle sobre pensamentos, emoções e ações. A percepção da vida como um fluxo dinâmico de possibilidades se fortalece, permitindo que cada pessoa se torne não apenas um mestre dos próprios sonhos, mas também um criador consciente da própria realidade.

A jornada rumo à maestria dos sonhos está apenas começando. Cada noite é uma nova oportunidade de explorar, aprender e crescer. Cada despertar, uma chance de aplicar os ensinamentos adquiridos nos sonhos para viver com mais presença e autenticidade. O caminho continua, e o sonhador que compreendeu seu potencial nunca mais verá os próprios sonhos — e a própria vida — da mesma forma.

Epílogo

E então, o que resta quando as luzes do sonho se apagam e os olhos despertam para a vigília? O que permanece quando o universo onírico se dissolve no etéreo e retornamos ao palco familiar da realidade desperta?

Você embarcou em uma jornada profunda pelo vasto território da consciência. Viajou pelos mistérios dos sonhos lúcidos, explorou as técnicas dos antigos e da ciência moderna, aprendeu a distinguir a ilusão da realidade e, talvez, tenha sentido na pele o êxtase incomparável de despertar dentro de um sonho. Mas agora, ao chegar ao fim destas páginas, a pergunta que ecoa não é sobre o que foi aprendido, mas sim sobre o que será feito com esse conhecimento.

Os sonhos sempre estiveram lá, sussurrando verdades ocultas enquanto você dormia. Mas agora, você pode vê-los com novos olhos. Agora, você sabe que eles não são apenas imagens efêmeras que se dissolvem ao amanhecer. São espelhos, portais, ferramentas poderosas que moldam não apenas as noites, mas também os dias. Pois o que acontece no reino onírico não permanece isolado — reverbera no âmago da mente, reconfigura crenças, desfaz medos e abre portas para um entendimento mais profundo de quem somos.

Aquele que domina seus sonhos não apenas controla uma fantasia noturna — ele molda a própria realidade. Pois a mente que desperta dentro do sonho é a mesma que desperta para a vida. Se nos sonhos podemos desafiar as leis da física, transcender limitações e manifestar a vontade, então o que nos impede de aplicar esse mesmo princípio ao mundo desperto?

O limite sempre esteve na crença.

E a crença pode ser transformada.

A compreensão do universo onírico nos ensina que a realidade é mais flexível do que imaginamos. Que aquilo que julgamos ser imutável pode, na verdade, ser moldado. Se dentro de um sonho lúcido podemos aprender a transformar o medo em coragem, a dúvida em convicção e a fuga em domínio, então, por que não podemos fazer o mesmo com nossas vidas?

A prática do sonho lúcido não é apenas uma ferramenta para viver aventuras impossíveis, mas um treinamento para a consciência. É uma expansão do ser, um convite para questionar as limitações autoimpostas, uma oportunidade para integrar a vigília e o sono em um estado de atenção plena contínuo. Quando compreendemos que somos criadores dentro do sonho, começamos a suspeitar que também somos criadores fora dele.

E essa é a grande revelação.

A barreira entre o real e o ilusório é mais tênue do que pensamos. Assim como aprendemos a questionar a natureza dos sonhos, podemos aprender a questionar as histórias que nos contamos sobre nossa própria existência. O que aceitamos como verdade absoluta pode ser tão mutável quanto um cenário onírico. O que nos disseram ser impossível pode se revelar apenas uma crença mal direcionada.

Você agora possui as chaves. Sabe como despertar no sonho e assumir o controle. Mas há um despertar ainda maior à sua espera: aquele que acontece dentro da própria vida.

A realidade não é fixa.

A mente é infinita.

E o sonho...

O sonho nunca termina.

Ele se desdobra a cada noite, a cada pensamento, a cada escolha. Ele continua, seja enquanto você dorme, seja enquanto você caminha pelo mundo desperto. Pois aqueles que aprendem a sonhar conscientemente também aprendem a viver conscientemente.

E esse é apenas o começo.

www.ingramcontent.com/pod-product-compliance
Lightning Source LLC
LaVergne TN
LVHW040055080526
838202LV00045B/3644